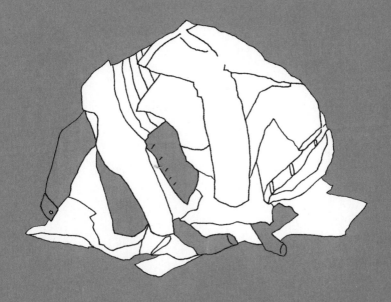

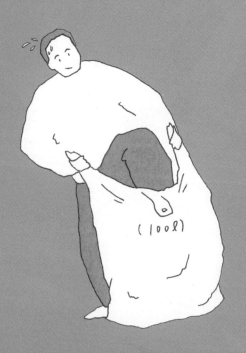

# 이대로는 안 되겠다 싶은 순간 ____

## 정리를 시작했다.

윤선현

INFLUENTIAL
인플루엔셜

모든 일이 내 마음처럼 풀리지 않는다.

어지러운 공간이 내 삶의 발목을 붙잡고 있다.

언젠가 정리를 하겠지만,

'언젠가'가 언제일지는 알 수 없다.


다들 이렇게 살고 있는 걸까?

10년 가까운 시간 동안

우리는 전국 2,000여 곳의 집을 정리했다.

다채로운 이유로 정리가 안 된 집들이었지만,

수납용품 없이도, 거실이 좁아도,

창고가 작아도, 식구가 많아도,

정리를 잘하는 사람들은 있었다.


꼭 필요한 것들로만 인생을 채운 사람들의 비밀,

타인의 집을 정리하며 깨달은 소중한 이야기들…


한번 만나러 가볼까?

# 친애하는 맥시멀리스트 엄마를 떠올리며

승정연, 웹툰 〈당신의 하우스헬퍼〉의 작가

'살림이든 연애든 일이든, 모든 문제의 해결은 정리로부터 시작된다'고 설교하는 웹툰을 그리고 있지만, 사실 나는 정리를 잘하지 못한다. 아마 내가 정리를 잘하는 사람이었다면 꽃미남 가사도우미가 아니라 평범한 여자 가사도우미를 이 만화의 주인공으로 삼았을지도 모른다.

예전엔 '맥시멀리스트인 엄마를 닮아서' 정리를 못하는 거라고 핑계를 댔다. 처음 윤선현 선생님의 정리 강연을 들으러 갔을 때도 그렇게 말했다. 냉장고, 옷장, 화장실 수납장까지 물건이 가득한데 아무것도 못 버리게 하는 엄마 때문에 고민이라고. 꼭 그런 것만은 아니었는데 말이다.

선생님이 물었다. 엄마가 그중에서도 유독 뭘 많이 사느냐고.

문득 평생 다 못 쓸 만큼 많은 양의 칫솔들이 생각났다. 선생님은 왜 그걸 많이 사는지 이유를 생각해보면, 또 대답을 하다 보면 본인도 깨닫지 못하고 있던 무의식 속 이유가 드러나는 경우가 있다고 했다. 그 말씀에 집을 떠나 서울에서 일하던 두 딸이 대전 집에 올 때마다 '너희가 안 챙겨올 줄 알고 미리 사뒀지' 하며 새 칫솔을 꺼내주시던 엄마의 미소가 떠올랐다. 자신의 마음속을 깊이 바라보고 스스로를 토닥여주었을 때, 비로소 마음이 정리되고 물건도 정리할 수 있게 된다는 것을 그날 선생님께 배웠다.

물론 엄마는 여전히 맥시멀리스트이고, 이유 같은 거 없다고, 그냥 두라고 입버릇처럼 말씀하신다. 예전엔 몰래 치운 적도 있었지만 이제는 엄마가 정리하고 싶어지실 때까지 기다릴 생각이다. 내 살림살이도 마찬가지이고. 요즘도 유독 정리하기 힘든 물건이 있거나 결정하기 힘든 사안을 마주할 때, 가만히 나 자신에게 묻곤 한다. 이게 그토록 아깝게 느껴지는 이유가 뭔지. 내가 어떤 가치들 사이에서 고민하는 것인지. 내가 더 중요시하는 가치는 무엇인지.

종종 정리하고 싶은 마음은 굴뚝같은데 생각하는 것 자체가 귀찮을 때가 있다. 그럴 때 나는 이 책을 다시 열어보게 될 것 같다. 내 삶을 어루만질 마법 같은 의욕이, 엄마의 미소 같은 든든한 응원이 필요한 이들이 있다면 이 책을 선물하고 싶다.

# CONTENTS

Part 2.

정리 잘하는 사람들의 비밀

Part 3.

꼭 필요한 것들로만 인생을 채우는 방법

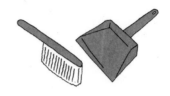

Part 4.

정리하는 삶을 생각하다

# 꼭 필요한 게 무엇인지 모른다면
# 인생에서 정말 중요한 걸 잊고 산다는 거예요.

어느 날 내가 드라마의 주인공이 되었다. 평범했던 내 인생에 펼쳐진 드라마 같은 일이었다. 이미 웹툰으로 알려진 〈당신의 하우스헬퍼〉의 TV 드라마 제작이 확정되면서 연락이 왔다. 극중 주인공인 하우스헬퍼 김지운(하석진 분)의 직업에 대한 자문을 해달라고 말이다. 극중에선 남자 가정부로 나와 엄밀하게는 차이가 있지만, 타인의 집을 정리해주는 정리컨설턴트라는 직업을 본격적으로 다룬 첫 번째 드라마였다. 주인공의 캐릭터를 구체화하는 과정에서 나는 작가님과 수차례 만나며 배역에 숨을 불어넣었다.

정리. 처음에는 회사를 다니며 병행한 일이었다. 그러다가 회사를 관두고 본격적으로 정리컨설팅 사업을 시작한 지 이제 햇수로 8년이 조금 넘었다. 짧다면 짧지만, 지난 8년은 함께 일하는 컨설턴트들과 내가 무려 전국의 2,000여 집을 다니며 정리를 해온 시간이었다. 많은 고객들을 만났고, 저마다의 이유로 정리가 되지 않은 집들을 찾아다녔다. 돈을 주고 자기 집을 정리를 한다거나, 정리하는 방법을 배운다는 개념에 대해 거리감을 갖는 분들도 많았다. 그들에게 정리는 그저 시간이 없어서 미루는 것, 미루더라도 크게 문제가 되지는 않는 것쯤이었다. 그래서 나는 이 드라마에 더욱 기대를 품었다. 정리가 '물건을 치우는 것'뿐만 아니라 인생을 정리하는 것임을, 정리의 본질적인 가치는 심플한 삶을 만드는 것 이상의 것임을 전달할 수 있을 것 같았기 때문이었다.

정리는 내 삶에 드라마틱한 반전을 가져다주었다. 나 역시 야근이 일상이었고, 요샛말로 '남은 일은 내일의 내가 하겠지'라고 읊조리던 평범한 직장인이었다. 늘 마감일을 지키지 못했고, 실수가 잦아서 똑같은 일을 두세 번 해야 했다. 할 일들을 빼놓기도, 물건을 잃어버리기도 일쑤였다. '능력이 없는 것이 아닐까?' 자격지심에 시달렸고, 에너지가 바닥난 채 겨우 하루하루를 버텨내야만 했다. 인생의 돌파구가 필요했다.

그때 우연히 만나게 된 몇 권의 책으로 나는 '작은 정리'를 시작했다. 매일 남보다 조금 먼저 출근해서 책상 위에 필요 없는 물건부터 정리하고, 서랍을 정리하고, 서류함을 정리했다. 그랬더니 지갑 하나, 업무 폴더 하나를 제대로 정리하면 인생도 말끔하게 정리할 수 있으리라는 자신감이 생겼다. 결국 정리는 내게 이제껏 없던 미래, 즉 지금의 나를 만들어주었다. 그리고 어느덧 10년에 가까운 시간이 흘렀다.

오랜 시간 타인의 집을 정리하면서, 사용하지 않고 먼지 쌓인 채 방치된 많은 물건들을 보게 되었다. 드라마 〈당신의 하우스헬퍼〉에서 가장 기억에 남는 장면이 있다. 여주인공 다영이 '언젠가'에 묶여 추억의 물건을 정리하지 못하자, 하우스헬퍼인 지운이 이렇게 말한다.

"내가 갖고 있는 물건들 중에서 정말 필요한 게 뭔지 모른다는 건, 내 삶에서 진짜 중요한 걸 잊어버리고 산다는 말과 같아요."

살다 보면 욕구와 목표, 관심사 등 다양한 이유로 물건이 늘어나기 마련이다. 그러다가 시간이 지나면 물건들만 집에 남는다. 그 물건들은 더 이상 의미 있는 추억이 아니라, 낭비된 시간, 감정, 돈, 에너지에 대한 미련과 회한의 잔여물에 불과하다. 대부분이 그렇다. 아주 극소수의 의미 있는 물건들만 빼고 말이다. 그래서 정리가 필요한 것이다.

우리는 계속해서 앞으로 나아가야 하는 존재다. 우리는 집안에 쌓인 물건을 어디에 둘지, 어떻게 쓸지, 아니면 버릴지를 '선택'함으로써 자신이 살아온 과거의 시간뿐 아니라 현재 어떤 삶을 살아야 할지 돌아보게 된다. 이렇게 정리를 하면 할수록 각자에게 어떤 것이 필요하고 어떤 것이 불필요한지를 능숙하게 판단하게 된다. 결국 나 자신이 어떤 사람인지, 내가 바라는 삶은 어떤 것인지, 그리고 미래에 나아가야 할 방향까지 생각하게 된다. 내가 정리를 단순히 '테크닉'이 아니라 '인생 설계'라고 생각하는 것이 바로 이 때문이다.

정리는 한정된 시간과 자원 안에서 '선택'을 해야 하는 우리 누구에게나 해당되는 이야기다. 어쩌면 때때로 바뀌는 삶의 풍경 속에서 어떤 것은 선택되고, 어떤 것은 선택되지 않는 이 세상 모든 것에 관한 이야기이기도 할 것이다. 선택은 골치 아픈 일이지만, 삶의 방향과 태도에 대해 성찰하게 만드는 행위이기도 하다. 유한한 삶이 주는 선물인 것이다.

이 책은 지난 십 수년 간 내가 정리를 통해 경험한 일과 사람, 그들을 통해 깨달은 것들을 정리한 책이다. 만일 당신의 인생이 비틀거린다면, 정체되어 있다는 기분이 든다면 지금부터 나와 함께 정리를 시작하자. 어떤 목적과 가치를 위해 사는 것이 최선의 삶인지 혼란스럽다면 정리가 바로 당신 삶의 전환점이 될 수 있다. 누군가에게 끌려가듯 좀처럼 내가 내 삶의 주인이 아닌 것 같을 때, 그 답답함에서 벗어나 해방감을 누리고 싶은 이들에게 이 책이 조금이라도 도움이 되길 바란다.

책을 준비하는 동안 방향을 함께 고민하고 사례를 정리하는 등 많은 도움을 준 심지은 매니저, 더 나은 원고를 써보겠다고 정해진 마감을 훌쩍 넘겼는데도 흔쾌히 기다리며 꼼꼼히 편집해주신 김예원 편집자님, 늘 든든한 지원자가 되어주는 사랑하는 아내 소영과 딸 서진, 똑똑한 아들로 키워주신 어머니, 동생 성미, 이제 '한집 식구'가 된 장인어른, 장모님, 김지영, 허성철, 김신환, 정리 현장에서 수고하며 국내 정리 서비스의 업그레이드를 위해 노력하고 있는 현정미 본부장, 김성하 매니저, 박준수 매니저, 그 외 소속 정리컨설턴트들, 힘들고 지칠 때 내게 커피 한 잔과 따뜻한 메시지로 응원해주시는 모든 분들께 감사드린다.

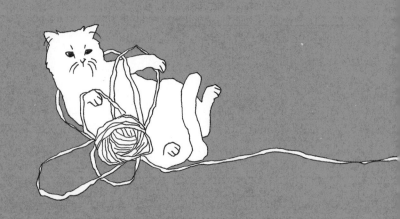

# Part 1.

## 인생에 정리가 필요한 까닭

지금으로부터 10년 전,

서울 역삼동에 살던

33세 윤선현 씨의 삶은 팍팍했다.

매일 일을 해도 업무가 줄지 않았다.

취미는 야근, 가끔은 철야,

목표는 정시 퇴근이었다.

어디서부터 바꿔야 할까,

고민하던 순간

인생이 조금씩 달라지기 시작했다.

# 혁명은 그렇게 조용히 시작됐다

"저마다 운명이 있는지 아니면 그냥 바람 따라 떠도는 건지 모르겠어. 내 생각엔 둘 다 동시에 일어나는 것 같아."

많은 사람들은 궁금해한다. 내가 어려서부터 '원래' 정리를 잘 했는지, 또 어떤 계기로 정리를 '직업'으로 삼을 생각을 했는지 말이다. 영화 〈포레스트 검프〉의 저 명대사처럼, 내가 정리를 만나게 된 건 삶에서 운명과 우연이 교차한 순간이었다. 매일 야근을 밥 먹듯이 하는 평범한 직장인의 삶은 운명이었고, 그런 삶을 바꿔준 책 한 권과의 만남은 우연이었으니 말이다.

첫 직장은 출판사였다. 나는 매월 발행되는 월간지와 단행본을 서점에 유통하고 반품을 관리하는 일을 맡고 있었다. 소위 '영업 관리'라고 간단하게 말할 수 있는 일이었지만, 막상 하다 보면 만만찮은 일이었다. 전국 거래처의 배본, 매출 정산과 같이 반복적이고 신경 써야 하는 자잘한 일들이 정말 많았기 때문이다. 매일 거래처를 돌아다니다가 사무실에 복귀해서 컴퓨터에 앉으면 해가 뉘엿뉘엿 넘어갔다. 그러다 보니 야근이 생활이었고, 한 달에 몇 번은 밤샘 근무도 불가피했다. 매일 아침 약국으로 출근하여 피로 회복제를 사먹는 일이 반복되자, '이렇게 살면 제명에 못 살 것 같다'는 생각마저 들었다. 이렇게는 계속 살 수 없을 것 같았다.

혁명은 어느 날 갑자기 일어나지 않는다. 혁명은 당연한 것이 당연하게 일어나지 않을 때, 반복적으로 누적되어 온 갈증이 한계에 다다랐을 때 이루어지는 것. 요즘은 모두가 '워라밸'을 말하지만 당시 내 인생을 바꾸기 위한 '정시 퇴근'이 일상이 되려면 그야말로 일상의 '혁명'이 필요했다.

그때부터 시간 관리와 관련된 온갖 책을 사서 보기 시작했다. 적용하기가 쉽지 않았던 탓인지 변화는 쉬이 일어나지 않았다. 책에서 추천하는 시간 관리법과 도구들을 활용하기 위해서는 학습이 필요했고, 새로운 습관을 들여야 했으며, 그것은 많은 에너지와 시간을 필요로 했다. 바로 그때 독일의 저명한 시간 관리 및 인생 정리전문가인 로타르 J. 자이베르트가 저널리스트 베르너 티키 퀴스텐마허와 함께 쓴《단순하게 살아라(How to Simplify Your Life)》라는 책을 만났다. 실제 내가 창업한 시기는 2010년이지만 정리컨설턴트라는 직업을 처음으로 생각한 것은 2002년. 이 책을 읽고 나서 책 속지에 '정리전문가 윤선현입니다'라고 적은 것이 그 시작이었다.

유럽에서 상당히 화제가 된 이 책은 그동안 읽은 시간 관리 책들과는 조금 다른 이야기를 하고 있었다. 예를 들면 책상에 방치된 필요 없는 서류를 버리라든가, 오늘 할 필요 없는 일들은 할 일 목록에서 과감히 지우라는 등의 내용이었다. 시시한 내용이었지만 실천하기 쉬웠다. 실제로 내 책상 위는 너저분한 서류더미가 점령하고 있었다. 나는 책상 위, 서랍장 물건 중에 안 쓰는 것들을 꺼내어 하나씩 버리기 시작했다. 오늘 다 하지 못한 일들을 내일 할 일로 '복사, 붙여넣기' 하는 대신 '반드시 해야 할 일인가?'라는 질문을 하고 할 일들을 최소화했다.

일상의 혁명은 조용히, 그러나 분명하게 일어나기 시작했다. 진행하던 일에서 실수가 줄었고, 업무 진행 속도가 빨라졌다. 늘 야근을 하고도 마감일을 하루이틀씩 놓치던 내가 마감일도 잘 지키게 되었다. 불과 보름 전만 해도 야근이 생활이었던 삶이 새삼스러울 정도로 정시에 퇴근하는 날들이 늘어났다. 같은 회사에 다니고 있지만 전혀 다른 직장인 듯했다.

아시아의 피터 드러커라고 불리는 세계적인 경영학자 오마에 겐이치가 이런 말을 했다.

인간을 바꾸는 방법은 세 가지뿐이다. 시간을 달리 쓰는 것, 사는 곳을 바꾸는 것, 새로운 사람을 사귀는 것. 이 세 가지 방법이 아니면 인간은 바뀌지 않는다. 이 세 가지를 바꾸지 않고

**새로운 결심을 하는 것은 가장 무의미한 행위다.**

정리컨설턴트라는 업을 만들고 10년 가까이 이 일을 해오면서 인생을 정리하기 위해 필요한 세 가지를 꼽을 때마다 이 말을 곱씹는 이유는 내 스스로의 변화도 시간을 달리 쓰면서 시작되었기 때문이다. 똑같은 가정과 직장, 그리고 사람들이라는 한정된 환경 속에서 지금 내가 발 딛고 선 땅을 떠나지 않고서도 새롭게 시작할 수 있게 만들어주었던 것이다.

단순해지는 것은 그 단어만큼 단순한 일이 결코 아니다. 구체적인 내용물을 살피고, 그것의 필요와 불필요를 판단하는 과정이 필요하며, 버려야 할 때는 상실의 고통과 슬픔까지 따라온다. 하지만 이것은 모두 정교하고 예리한 안목, 농축된 지혜를 만들어내기 위한 성장통이 된다. 사람은 내적 결핍을 채우는 과정 속에서 성숙으로 나아가고, 일은 외적 과잉을 덜어내는 과정 속에서 능숙해지는 법이기 때문이다.

직장에서 소박하게 시작된 나의 혁명은 시간을 거듭하면서 안정적으로 삶을 변화시켰다. 나는 정시 퇴근에 익숙한 사람이 되었고, 항상 책상을 깨끗하게 사용하고 마감을 철저하게 지키는 사람이 되어갔다. 그렇게 만들어진 여유 시간에 새로운 미래를 만들어가기 시작했다. 이제껏 없었던 '정리컨설턴트'라는 삶은 어느 날

하늘에서 뚝 떨어진 선물이 아니었다. 나의 경우는 그것이 우연히, 혹은 운명적으로 직업으로까지 이어졌지만, 혁명은 각자의 방식으로 펼쳐질 수 있다. 이 책을 읽는 모든 이가 저마다의 목표와 다채로운 색깔로 미래를 만들어가길 바란다.

# 퇴근하듯 퇴사했다

아직도 생생하게 그날을 기억한다. 함께 근무하던 동료 직원이 불의의 사고로 하룻밤 사이에 죽음을 맞이한 것이다. 평소 친하게 지내진 않았지만 늘 보던 얼굴이었는데 갑자기 볼 수 없는 저세상 사람이 되었다는 사실은 큰 충격이었다. 그가 앉았던 사무실의 빈자리를 보니 죽음이라는 것이 더욱 생생하게 다가왔다. 죽음은 일상 가까이에 있었다. 그 일이 있은 뒤, 언제 어디서 갑작스러운 죽음을 맞을 수 있다는 상상을 어렵지 않게 하게 되었다.

만약 내가 어느 날 갑자기 죽는다면 남겨진 사람들은 무엇을 하게 될까? 누군가는 내 책상을 정리해서 유품들을 집으로 돌려보내야 할 것이고, 누군가는 죽은 이에 대한 애도도 제대로 하지 못한 채, 조직의 생리에 따라 내가 남기고 간 일들을 처리해야 하는 현실적인 문제에 닥치게 될 터였다. 죽음에 대비해 물건을 정리해 놓지 않으면 누군가 나중에 고생을 할 수밖에 없다. 가족과 동료들, 가장 가깝고 소중한 사람들이 유품을 정리하느라 힘든 시간을 보내게 된다고 생각하니 결심하지 않을 수가 없었다. 설령 내가 불의의 사고로 출근을 못하게 되더라도 유품 정리로 힘든 시간을 보내게 하지 않겠다, 누구라도 내 자리에 앉으면 바로 일을 시작할 수 있게 만들겠다고 말이다.

죽음은 아니었지만, 오래지 않아 나에게도 이별의 순간이 찾아왔다. 새로운 커리어를 향해 이직을 결심하게 된 것이다. 당시 동료들은 지금도 내가 퇴사하던 날을 이렇게 회상한다. "퇴근할 때처럼 퇴사했다"라고 말이다. 실제로 간단한 인수인계 과정만 거치고 잘 정리된 컴퓨터 파일과 서류를 넘긴 채 퇴근하는 기분으로 회사를 나왔다. '한 번은 오겠지'했던 업무 문의 전화는 한 통도 오지 않았다. '누구라도 내 자리에 앉으면 바로 일을 할 수 있게 만들겠다'는 신조를 지킨 것 같아 뿌듯했다.

타인을 염두에 두었던 정리법의 핵심은 '물건 정리만 보더라도 업무를 파악할 수 있게 한다'는 것이다. 예를 들어 업무를 할 때 컴퓨터가 가장 중요한 도구인 만큼 폴더와 파일만을 보고서도 업무 내용을 파악할 수 있게 만들고 싶었다. 그런데 폴더 생성의 히스토리를 잘 알고 있던 내가 아니라면 기존 상태로는 필요한 파일을 찾는 것이 어려워 보였다. 전혀 다른 판을 짜야 했고, 기존의 폴더 분류보다 훨씬 더 명료하고, 단순해야 했다. 그래서 업무 진행 순서에 따라 순번을 넣은 폴더를 구성하고, 각각의 업무에 필요한 자료들을 넣었다. 어중간한 단계를 하나로 합치고, 불필요한 단계

는 줄였다. 업무 사항 또한 나만이 보는 것이 아니고 언제든 남도
함께 볼 수 있는 상태여야 하기 때문에 수첩에 꼼꼼하게 기록하는
습관을 들이게 되었다.

　단순함을 추구하는 일은 일을 하지 않는 것이 아니었다. 업무
의 체계나 흐름을 머릿속에 명쾌하게 심는 것이었다. 불필요한 일
을 줄이는 것이었다. 그런데 흥미로운 사실이 있다. 남아 있는 사
람들에게 피해를 남기지 않기 위해서 시작한 정리였지만, 궁극적
으로 도움을 받은 것은 나 자신이었다는 점이다. 매일 내가 해놓
은 일, 벌여놓은 물건들과 마주하는 나는 어제와 다른 또 다른 나
였다. 생의 끝이라는 문제에서 시작된 정리는 아이러니하게도 내
일을 준비하는 일이 되어준 것이다.

인간은 누구나 죽는다. 나이가 들면 죽는 날을 미리 준비하게 되고, 그때만큼은 꼭 정리를 하게 된다. 그러나 죽음이란 그 시기가 정해져 있지 않다. 언제 나에게 찾아올지 모르는 인생의 가장 큰일인데도 대부분은 전혀 이를 생각하지 않고 살아가는 것이다. 웰다잉이 웰빙과 연결되듯, 미래를 대비해 정리를 해두는 것은 현재에 도움이 된다. 결국 어제나 오늘이나 내일이나 마찬가지로 '언젠가 하겠지' 하고 정리를 미뤄두는 사람은 미루지 않는 사람과 삶의 끝자락에서 맞이하는 장면이 다를 수밖에 없다.

# 정리를 해야 꿈도 보인다

직장에 다닐 때 내가 누리던 몇 가지 소소한 행복이 있었다. 그중 하나는 이른 새벽, 회사에 가장 먼저 출근해서 혼자만의 시간을 갖는 것이었다. 새벽 공기를 맞으며 텅 빈 지하철을 타고 아무도 없는 사무실의 문을 여는 기분은 경험해본 사람만이 알 것이다. 말로 형용할 수 없는 상쾌함, 실로 기분 좋은 일이었다. 게다가 그 시간은 온전히 나를 위한 시간이었다. 나는 그 시간을 활용해 정리 사업을 준비했다. 그 시간이 없었다면 훗날 직장을 그만두는 일은 상상조차 하지 못했을 것이다. 어쨌거나 9시 업무 시작 전까지 나만의 일을 꾸미는 것은 매우 설레는 일이었고, 아이러니하게 회사 업무에도 도움이 되었다. 그야말로 선순환이 된 것이다.

사실 처음부터 정리를 업으로 삼겠다고 생각한 것은 아니었다. 나도 남들처럼 프리토킹(free talking)을 목표로 영어를 공부하기도 했고, 시사교양을 쌓는다며 신문 기사를 읽거나, 남들 다보는 베스트셀러를 읽기도 했고, 당시 '핫하다'는 취미 생활에 기웃거리기도, 또 기분 전환 삼아 인터넷 쇼핑에 심취하기도 했다. 그저 '이런 일을 하면 삶이 더 나아지겠지'라는 생각으로 시작한 일들이었다. 그렇게 하루 이틀, 한 달, 6개월, 1년을 지나고 보니 그저 남들보다 일찍 출근했다는 사실이 '꽤 잘 살고 있다'는 기분을 느끼게 했을 뿐, 손가락 사이로 빠져나가는 모래알 같은 시간이었음을 알게 되었다.

결국 무언가를 이루기 위해서는 꿈에도 정리가 필요하다는 것을 깨달았다. 나보다 먼저 출근하는 두 사람 덕에 꿈 정리는 빠르게 진행됐다. 한 분은 대표님이었다. 가장 먼저 출근하는 대표님을 보면서 '딱 10년만 직장 생활을 하고, 저분처럼 나만의 사업을 하자'라는 목표를 상기했다. 또 다른 한 분은 청소 아주머니였는데, 청소도우미처럼 정리를 해주는 정리전문가를 양성하고 파견하는 사업은 그분을 보며 처음 구상하게 되었다.

정리전문가 그룹을 양성하고 그 그룹의 대표가 되는 일은 상상만으로 가슴이 벅차오르는 일이었다. 자연스럽게 그동안 벌여 놓았던 일들을 모두 그만두고, 업무가 시작되기 전인 아침 시간은 오롯이 정리 사업을 준비하는 시간으로 쓰게 되었다. 진척이 되지 않던 미완의 일들이 정리되면서 나는 점점 마음이 편안해졌다. 더 많이 성취하는 것이 아니라 해야 할 일을 버리면서 시간 정리의 진정한 의미를 깨달을 수 있었다. 마음의 평화와 행복이 되어야 한다는 것을 말이다.

그런데 놀라운 것은, 가장 큰 꿈만 남겼더니 벌여놓은 일들을 더 효과적으로 하게 되었다는 점이다. 그때까지만 해도 국내에 정리 산업이 활성화되기 전이고, '정리컨설팅'이라는 직업 자체가 없었기에 대부분의 정보를 외국의 신문기사나 전미 정리전문가협회 사이트(www.napo.net)를 통해 얻어야 했다. 정보를 얻기 위한 동기가 확실하다 보니 영어 독해하는 일이 즐겁고 재미있었다. 영어 교재로 공부했을 때보다 훨씬 빠르게 영어 실력이 향상되는 것을 느꼈다.

'정리'나 '정리 산업' 등의 키워드가 들어간 기사들을 메일로 오게끔 설정해서 관련 기사를 모조리 찾아 읽었고, 책도 정리뿐 아니라 쇼핑 중독, 저장 강박과 관련된 행동심리학 분야까지 확장해 읽어나갔다. 인터넷 쇼핑도 새롭고 참신한 정리 용품을 구매하는 데에만 시간과 돈을 투자했다. 그러다 보니 블로그를 하는 것이 자연스러운 취미 생활이 되었다. 정리 관련 기사, 책, 영화를 리뷰해서 올리고, 정리 수납용품 사용 후기를 올리다 보니 점점 이웃 신청도 늘어나고 방문자도 많아졌다. '큰일을 먼저 하라. 작은 일은 스스로 처리될 것이다!'라는 명언을 몸소 체득한 셈이다.

# 완벽하지 않은 질서가 좋다


처음 회사를 차리기로 결심하고 사명(社名)을 무엇으로 할지 고민했다. 그러나 결정은 어렵지 않았다. 오래 전부터 생각해두었던 이름이 있었기 때문이었다. 바로 '베리굿(very good)'이라는 이름이다. 당시 주변 사람들은 하나같이 이 이름에 대해 이상하다, 촌스럽다는 반응을 보였다. 그래도 나는 사람들의 반응에 아랑곳 않고 '베리굿정리컨설팅'이라는 이름으로 사업자등록을 냈다. '베리굿'이란 이름에는 내 나름의 철학이 담겨 있었기 때문이다.

정리를 하고 나면 누구나 좋은 기분이 든다. 일단 깨끗하고 깔끔한 모습을 보면 시각적으로도 좋고, 마음이 편안해지는 것을 느낀다. 단순히 보기 좋기 때문만은 아니다. 활동할 수 있는 여유 공간이, 그리고 사용하기 쉽게 가지런히 정돈된 물건들이 마음속 깊은 곳에 울림을 주기 때문이다. 의욕을 샘솟게 하고, 자유롭고 창조적인 무언가를 하고 싶은 마음이 드는 것이다. 그런 마음이 절로 드는 공간을 볼 때마다 마음속으로 떠올리는 말이 있었다.

'베리 굿!'

이것은 조물주가 자신이 만든 세상을 보면서 처음으로 한 말, '보시기에 좋았더라(very good)'와 같은 말이다. 하지만 이상했다. 신이 세상을 창조했을 때, 완전무결한 신이 만든 세상이라면 '좋았다'보다 '완벽해(perfect)'정도의 감탄사를 쓰지 않았을까? 그런데 정리 사업을 일구고, 수많은 공간과 사람을 만나가며, 점점 나이도 들다 보니 어느덧 그 오랜 의문이 자연스럽게 해결되었다.

우주를 이루는 공간, 시간, 인간과 같은 것들에게는 공통적으로 한자어 '사이 간(間)'이 쓰인다. '비어 있는 틈, 틈새, 사이, 끼이다'라는 뜻의 한자어다. 꼭 한 칸씩 비워져 있는 슬라이딩 퍼즐을 알 것이다. 슬라이딩 퍼즐에서 우리가 퍼즐을 이리저리 옮기면서 맞출 수 있는 것은 바로 한 칸의 빈 공간이 있기 때문이다. 어떤 것이든 변화하기 위해서는 비어 있는 틈이 존재해야 한다.

우주에는 보편적인 질서들이 존재한다. 삶과 죽음, 낮과 밤, 봄·여름·가을·겨울 같은 것들 말이다. 자연과 인간을 비롯한 세상 만물은 이 질서에 따라 창조하고 소멸하는 과정을 거치게 된다. 그런데 '완벽하다'라는 말을 떠올려보면 최고의 상태이지만 어떠한 가능성도 없고, 변화도 없는 상태가 떠오른다. 신이 자신이 만든 세상을 '완벽하다'라고 말하지 않고, '보기 좋다'라고 했던 까닭은 늘 변화하기를 바랐던 마음 때문 아니었을까?

나에게도 물건이든, 사람이든 각자의 삶의 풍경에 맞게, 리듬에 맞게 언제든지 변화할 수 있는, 그 변화의 가능성을 전제하는 질서를 만들고 싶다는 꿈이 있다. 완벽한 주방 정리가 아니라 '모든 물건과 재료가 한눈에 보이는 주방', 완벽한 아이방 정리가 아니라 '아이가 스스로 정리할 수 있는 아이방', 완벽한 화장실 정리가 아니라 '샤워 후 몇 분이면 청소할 수 있는 화장실'처럼. 이런 삶의 큰 질서를 만들게 되면 조금씩 변화할 수 있는 유동적인 질서들이 세워질 것이다. 완벽함이 아닌 '보기 좋을 정도의 정리', 그것이 바로 내가 전달하고 싶은 정리의 의미이며 철학이다. 삶의 의미는 언제나 그 변화의 가능성, 그리고 그 변화에서 새롭게 탄생하는 것이니 말이다.

# 정리는 고민하지 않는 것

정리전문가가 된 뒤에도 나는 정리에 관한 많은 시행착오를 겪었다. 특히 내가, 또 우리 부부가 정리하는 데 애를 먹었던 카테고리가 있었다. 바로 '옷'이다.

어릴 적 가난한 가정 형편 때문에 내 옷은 새 것보다 사촌형들로부터 물려받은 것이 많았다. 그래서 1990년대 유행했던 '브랜따노' '헌트' '언더우드' 같은 브랜드 옷을 입고 다니는 친구들이 늘 부러웠지만, 집안 사정을 알기에 어머니를 조를 수도 없었다. 그저 나중에 돈을 많이 벌면 입고 싶은 옷을 마음껏 사서 입겠다고 굳은 결심만 할 뿐이었다.

맺힌 한이라도 풀 듯 직장인이 되고 나서 나는 정말 월급만 받으면 옷을 사러 다녔다. 결혼 후 아내와 함께 옷장을 정리해보니 꾸미는 것을 좋아하는 아내만큼이나 나도 옷을 많이 가지고 있었다. 물론 내가 가진 옷 중에는 몇 번 입지도 못하고 방치된 옷들이 대부분이었고, 박물관 유물처럼 고이 모셔놓은 고가의 옷도 많았다. 이 어마어마한 양의 옷을 정리한다는 것은 쉬운 일이 아니었다. 큰맘 먹고 정리하려고 하면 이런저런 이유로 버리기가 아까워서 몇 벌 버리지 못하고 포기하기 일쑤였다. 그런 경험 때문에 지금도 많은 이들이 물건에 집착하는 마음을 조금은 이해할 수 있다.

그러던 중 익히 들어왔던 유명한 두 사람의 '독특한' 생활방식을 새삼 곱씹게 되었다. 한 명은 애플의 창업자인 스티브 잡스. '스티브 잡스' 하면 능숙한 프레젠테이션 실력, 혹은 아이폰과 함께 검은색 터틀넥과 청바지가 떠오를 것이다. 제품을 디자인할 때 그가 가장 중요하게 생각했던 원칙 '집중과 단순함'은 그가 유니폼처럼 늘 입고 다닌 '검은 터틀넥과 청바지' 패션에도 녹아 있었다. 그가 이 단순함의 힘을 모든 직원들에게 알려주기 위해 애플사에 유니폼을 도입하려 했다는 사실을 아는가. 결국 직원의 반대에 부딪혀 실현하지 못했다는 웃지 못할 에피소드다.

두 번째 인물은 페이스북의 창업자인 마크 주커버그다. 잡스가 늘 '검은 터틀넥과 청바지' 차림이었다면 주커버그는 '회색 티셔츠'만 입고 다니기로 유명하다. 세상 그 누구보다 부유한 주커버그의 옷장에는 그가 즐겨 입는 회색 티셔츠 20장만 걸려 있다고 하는데, 그는 한 대학의 강연에서 똑같은 옷만 입는 이유에 대해 이렇게 말했다.

"사람들은 매일 수많은 선택과 고민을 하게 됩니다. 아침에 무엇을 먹을까? 옷은 어떤 것을 입을까? 그런 끝없는 선택 말이죠. 하지만 작은 선택 하나하나가 쌓이게 되면 그것은 피로와 스트레스가 됩니다. 저는 이런 일에 제 에너지를 사용하고 싶지 않아요. 정말 중요한 일 이외에는 의사 결정을 적게 하고 싶어서 제 생활을 단순하게 만들기 위해 노력합니다."

미국 플로리다주립대학의 사회심리학자 로이 바우마이스터는 "인간이 하루에 내릴 수 있는 결정에는 한계가 있다"고 말했다.

즉, 불필요한 의사 결정에 따른 에너지 소비를 줄이고 정말 중요한 결정이 필요한 상황에 자신의 에너지를 온전히 쏟아부으면 보다 유리하고 훌륭한 결정을 내릴 수 있게 된다는 것이다.

그래서 나도 '오늘은 무슨 옷을 입을까?'와 같은 쓸데없는 고민에서 해방되기 위해 나만의 유니폼을 정하기로 했다. 그렇게 고른 옷이 지금도 강연을 하든 방송이 있는 날이든 늘 입고 다니는 흰 셔츠와 짙은 색 청바지다. 그러기를 4년. 지금 내 옷장에는 정장 셔츠 3벌, 캐주얼 셔츠 6벌, 티셔츠 6벌, 재킷 4벌, 긴 바지 5벌, 반바지 3벌, 코트 2벌만 심플하게 걸려 있다. 백화점에 가서도 의미 없는 쇼핑을 그만둘 수 있었다. 스티브 잡스와 마크 주커버그의 생활 신조가 어린 시절 결핍으로 인해 생긴, 옷에 대한 나의 집착을 끊는 데 크게 공헌한 것이다.

만약 내가 옷으로 가득 메운 우리 집 옷장을 바라보며 이전처럼 '옷 정리를 열심히 해야겠군'이라고만 마음먹었다면, 안 입는 옷도 어떻게든 보기 좋게 정리를 하겠다고 생각했다면, 나는 이렇게 심플하게 정리된 옷장을 가질 수 있었을까? 아마 힘들여 정리를 끝낸 며칠은 뿌듯하고 또 깔끔했을 것이다. 그러나 얼마 가지 않아 안 입는 옷들과 새로 산 옷들로 옷장이 다시 꽉 채워졌을 것이 분명하다. 결국 또 다시 '옷 무덤'을 만들었을 것이고 말이다.

한번은 회사에서 주최한 정리 세미나에서 교육생들과 함께

'정리는 ○○○이다'라고 각자 정리를 정의해보는 시간을 가졌다. 그때 어느 교육생이 적어낸 '정리는 고민하지 않는 것'이라는 말이 지금도 기억에 남는다. 옷 고르는 시간마저 고객을 위해 사용하고 싶다는 주커버그의 말처럼, 정해진 스타일과 단출한 옷장은 나를 매일 아침 무엇을 입을지에 대한 스트레스에서 해방시켜 주었다. 옷을 사고, 관리하고, 정리하고, 버릴 옷을 고르는 데 쓰일 시간을 지금 하고 있는 일을 더 잘하는 데 할애하게 되었음은 물론이다.

우리가 정리를 통해 얻으려 하는 것은 '정리된 그 상태'뿐이 아니다. 정리는 목적을 얻기 위한 수단이다. 단순히 물건을 줄여야 한다거나 정리를 해야 한다고, 그 자체를 목적으로 생각할 일이 아니라는 말이다. 심플한 삶을 통해 이루고 싶은 삶의 목적을 분명히 하고, 그 목적을 이루기 위한 수단으로써 정리라는 방식을 채택해야 한다. 이런 태도를 통해 비로소 정리가 하기 싫지만 해야 하는 일, 혹은 도무지 몸에 붙지 않는 습관이 아니라 자연스러운 '생활방식'이 될 수 있기 때문이다.

# 행복해질 시간, 더 이상 미루지 않기를

강의를 위해 부산 출장에 나서는 길이었다. 동행했던 매니저 S가 갑자기 내 구두에 관심을 보였다.

"대표님, 그 신발 브랜드가 뭐예요?"

갑자기 브랜드 이름이 생각나지 않던 나는 그 즉시 신발을 벗어 들고 발꿈치 부분에 새겨진 브랜드 로고를 확인했다. 그러느라 저만치 뒤쳐진 나를 뒤돌아본 그녀가 박장대소를 했다. 부산역 광장 한복판에서 신발을 벗고 깨금발로 서서 신발 한 짝을 손에 든 모습이 재밌었다나. 그 모양새가 채신머리가 없었던 것은 아닌지 약간은 부끄러워질 찰나 그녀가 한 말은 의외였다.

"대표님은 제가 아는 사람 중에 무슨 일이든 가장 미루지 않는 분이에요. 그래서 정리도 잘하시는 거겠죠?"

본인이었다면 '나중에 생각나면 알려줘야지'라고 생각했을 거란다. 그러면서 그녀는 미루고 싶은 본능이 일어날 때마다 부산역 광장에서 깨금발로 서있던 내 모습을 떠올리겠다고 말했다. 남사스러운 장면이지만 직원에게 미루기 본능을 이겨낼 만한 인상 깊은 그림을 남겨주었다는 데에 의의를 두었다. 이 일이 소소한 에피소드가 되어 내 기억 저편으로 사라져 갈 무렵, 그날의 일을 복기하게 된 사건이 일어났다.

H본부장과 함께 업체 미팅을 마치고 나오던 길이었다. 주차장에서 내가 차를 찾는 동안, 동행했던 본부장에게 어디선가 전화가 걸려왔다. 차를 찾은 뒤 고개를 돌려 그녀를 부르려는데, 분명 옆에서 통화를 하면서 따라오던 사람이 보이지 않았다. 길을 잘못 갔다 싶어서 되돌아가 보니 H본부장이 주차장 한 켠에 쪼그려 앉아 있는 것이었다.

"본부장님, 뭐 하세요?"

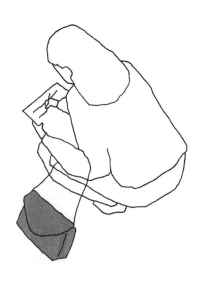

"아, 방금 통화한 내용을 잊어버릴까 봐요."

금방 차에 가서 편히 앉아서 메모하면 될 텐데, 그 시간을 미루지 않고 주차장 길바닥에 가방까지 풀어헤치고 쪼그려 앉아 메모하는 그녀의 모습을 보니, 불현듯 그날 부산역 광장의 풍경이 떠올랐다. 그녀의 모습이 깨금발로 서있던 내 모습과 같았다. 잠시 웃음이 나기도 했지만 묘한 동질감이 들었다.

어떤 일을 미루지 않는 사람은 대체로 즉시 해치워야 직성이 풀린다. 정리 잘하는 사람들의 이런 태도는 원래 그렇게 타고난 것이 아니라 '나는 엄청난 미루기 선수야', 혹은 '나는 분명히 까먹고 말거야'라는 후천적 자기 인식에서 나온 것이다. '지금 당장 해결해서 머릿속에서 지워버리겠다'는 자기 수정의 결과이기도 하고 말이다. 잠시 창피할 수는 있지만, 적어도 후회는 줄일 수 있다.

어차피 인생에 정답은 없다. 무엇을 미루어도 잊지 않는 명석한 기억력을 지녔다면 방금 말한 사례들은 우스꽝스럽기 그지없는 에피소드에 불과할 것이다. 그러나 내가 아는 대부분의 평범한 사람들은 정도의 차이가 있을 뿐이지, 모두가 매 순간 무언가를 잊고 산다. 잊지 않기로 결심한 사실도 잊고 살지 않던가.


무언가를 즉시 해결하지 않아 생기는 불상사는 다양하다. 어느 날인가 병원에 갔더니 '추간판탈출증'이라는 진단을 받았다. 추간판탈출증이란 척추 마디 사이가 좁아져서 그 사이에 있는 추간판, 일명 디스크가 척추 신경을 건드려 통증을 유발하는 병이다. 오랜 시간 동안 앉아서 작은 노트북 화면만 들여다본, 변명의 여지가 없는 결과였다. 그러나 생각해보면 내게 척추 건강을 돌볼 기회는 항상 있었다. 일할 때는 항상 '뽀모도로 테크닉(Pomodoro Technique)'을 활용했기 때문이다.

뽀모도로 테크닉은 25분은 완전히 집중하고, 5분 휴식을 한 주기로 하는 시간 관리법인데, 25분씩만 설정할 수 있는 토마토(뽀모도로) 모양의 요리용 타이머를 사용한 데서 비롯된 것이다(이 타이머는 25분까지만 설정할 수 있다는 것이 특이하다. 이것은 사람이 한 번에 집중할 수 있는 시간이 25분이라는 것에서 착안된 것이다). 이 타이머를 쓰면서 나는 25분은 한 가지에 집중하고 5분은 쉰다. 멀티태스킹 습관을 바로잡고 '한 가지 일에 집중'을 습관화하기 위한 것이다.

그런데 문제는 휴식 시간 5분을 지키는 일이 생각보다 쉽지 않다는 점이었다. 25분이 끝나고 알람이 울렸지만 종종 브레이크가 고장 난 사람처럼 멈추지를 못했다. '쉬어야지' 생각하면서도 '조금만 더, 이것만 마치고'를 마음속으로 외쳤다. 그러다 보면 어느새 5분이 지나가 있었다. 이번 휴식을 다음 휴식으로 미루며 다시 25분의 타이머를 돌렸다.

추간판탈출증이라는 발음도 어려운 진단명을 들여다보고 있자니, '5분 안 쉬면 좀 어때'라고 생각하면서 놓쳤던 깨알 같은 시간들이 '쌤통이다'라고 되받아치는 것만 같았다. 보험 청구를 하려고 보험 서류를 잔뜩 모아두었는데 유효 기간이 지나버렸다는 사연, 자동차 벌금을 몇 년 동안 내지 않고 있다가 자동차를 차압당하고 말았다던 어느 교육생의 이야기가 남 얘기가 아니었다. 정리를 미리미리 하지 않으면 중요한 서류를 잃어버리거나, 막중한 기회를 놓치게 되거나, 소중한 사람과 멀어지게 된다고 사람들에게 그렇게나 강조해왔으면서, 정작 나는 가장 중요한 건강을 소홀히 하고 있었던 것이다.

휴식을 미루니 일을 미루었을 때보다 결과적으로 더 큰 손해였다. 통증이 있는 날은 통증의 강도에 따라 고통을 견뎌가며 일을 대강 하거나, 아예 일을 쉬어야 하는 날도 있었다. 일상을 지탱하는 굵직한 일이 뼈 하나하나라면, 디스크는 그들 사이사이에서 그것들이 부담스러워지지 않게 기름칠해주고, 여유와 유연성을 주는 일종의 '정리' 같은 역할이었다.

그러던 어느 날, 내가 운영하는 정리력 카페(정리의 힘을 함께 키우기 위해 사업 초기에 내가 만들어 현재 7만 명의 회원이 찾는 인터넷 카페가 되었다)에서 '허리'를 소재로 한, 어느 회원의 초등학교 2학년 딸이 쓴 시를 보게 되었다.

집 조금 어질러져 있으면 바로바로 치우기.

한 개 안 치우면 두 개,

두 개 안 치우면 세 개,

세 개 안 치우면 네 개,

네 개 안 치우면 다섯 개.

이렇게 되다가 나중에 허리 굽혀 정리해야 한다.

미리미리 정리를 하지 않았던 나는 이제, 하나를 정리할 때조차도 허리를 굽혀야 하는 처지가 되었다. 한꺼번에 해치우려면 큰일이 된다는 정리에 대한 진리, 아니 작은 일을 제때제때 하지 않으면 그 일들이 모여 큰일이 되고, 결국 더 큰 고생을 해야 한다는 인생의 진리를 고작 초등학교 2학년 밖에 되지 않은 아이가 깨달았으니 얼마나 기특한가.

삶은 참으로 얄궂다. 시시한 일이라 미루었는데 그 시시한 일로 삶의 뿌리가 송두리째 휘청거리게 되니 말이다. 이는 단순히 한두 개를 미루어서 나중에는 세 개를 해야 한다는 이야기가 아니다. 삶을 이루는 모든 것이 유한하다는 조건 속에서 후폭풍이 불어난 복리 이자처럼 돌아오는 일이다.

책《무조건 행복할 것(The Happiness Project)》에서 저자 그레첸 루빈이 제시한 '행복의 법칙'에도 비슷한 이야기가 나온다. 세계에서 가장 부강한 나라인 미국, 그중에서도 부유층들이 모인 뉴욕에 살고 있는 변호사이자 작가인 루빈은 행복에 대한 결핍과 갈증을 느끼고 그것을 극복하기 위해 '행복 프로젝트'를 시작했다. 그는 이 프로젝트에서 터득한, 행복해지는 데 필요한 48가지 방법을 이 책을 통해 소개했다.

그중 한 가지가 바로 '할 일을 미루지 마라'이다. 그는 '세탁소에 맡긴 옷 찾기', '치과에 가서 충치 치료하기'와 같이 오랫동안 미루었던 일들을 해결하면서 "인생의 행복은 평생 미뤄왔던 일들을 다 적어보고 하나씩 해결하는 과정에 있었다는 것을 깨달았다"라고 말했다. 미뤄왔던 일들을 해결하는 것, 다시 말해 미루었던 일들에게서 해방됨으로써 실존적인 행복감을 얻은 것이다.

불안과 행복은 상호배타적이다. 미루기로 인해 필연적으로 발생하는 잠재된 불안은 일상의 평화와 행복을 잠식한다. 그러니까 '미루지 않기'는 작은 일이 아니다. 경우에 따라서는 창피할 수도 있고, 우스꽝스러울 수도 있지만 결국 일상의 행복을 도모하는 방법이다. 미루기로 인해 우리도 모르게 갖게 되는 부정적인 감정이 일상의 평화와 행복을 침해하지 않게 하겠다는, 미뤄서 후회하는 일들을 줄이겠다는 다짐이 내면화된 생활양식이라고나 할까. 그러니 미루지 말자. 행복해질 시간을 더 이상은 미루지 말자.

# 왜 그렇게 살았나 싶습니다

정리력 카페에 〈그동안 왜 그렇게 살았나 싶습니다〉라는 제목의 글이 올라왔다. 한동안 정리에 심취해 있던 한 회원이 올린 글이었다. 집 구석구석 정리할 곳을 찾던 중 아이들 방문 옆 이층 침대의 사다리가 그의 눈에 들어왔다. 그 사다리 때문에 방에 들어갈 때마다 번번이 신경이 쓰였기 때문이다. 그래서 곧장 사다리를 왼쪽 끝에서 오른쪽 끝으로 옮겼다. 그랬더니 시야도 확 트이고, 방을 드나들기도 쉬워졌다. 아이들은 그동안 불편함을 별로 느끼지 못했다고 말했지만, 반나절이 지나자 "아빠! 사다리가 문 앞에 없으니깐 훨씬 좋아요"라고 하더란다.

그는 사다리를 옮기고서 잠시 뿌듯하기도 했지만, 한편으로는 씁쓸한 감정이 들었다고 한다. 2층 침대의 사다리가 방문 앞, 그러니까 침대 왼쪽에 놓이게 된 것은 대단한 이유 때문이 아니라, 1년 전 이사를 하면서 이삿짐센터 직원들이 급하게 설치하고 간 상태 그대로였기 때문이었다.

나는 이 사연을 읽으면서 한동안 묵묵히 생각했다. 타인이 만

들어놓은 질서에 익숙해진다는 것이 얼마나 불편하고, 안타까운 일인지를 말이다. 자기가 만든 질서라 할지라도 제자리 없이, 아무 데나 던져놓고 쌓아놓는 것도 마찬가지이다. 이삿짐센터 직원처럼 다른 사람이 쓸 물건을 다루듯 아무 생각 없이 그냥 두는 것과 다를 것이 없으니까. 물론 어떤 환경이든 익숙해지면 불편함을 느끼지 못하게 된다. 그래서 어딘가에 익숙해진다는 것은 참 다행스러운 일이기도 하다.

그러나 그 불편함에 익숙해져서 시간을 보내고 난 뒤, 나에게 더 잘 맞는 질서, 더 좋은 삶이 있음을 뒤늦게 깨닫게 되는 것처럼 안타까운 일도 없다. 그래서 정리력 카페 회원들이 자주 "왜 이걸 여기에 두고 썼는지 모르겠어요", "왜 아직도 안 버리고 가지고 있었을까요", "진작 이렇게 할 걸 그랬어요"라는 말을 하는가 보다. 홀가분해진 뒤에야 자신도 몰랐던 중압감의 존재를 깨닫게 되는 법이다.

나에게 맞는 질서를 찾기 위해서는 '낯설게 보기'가 필요하다. 마치 어린아이가 된 것 같은 순수함으로 돌아가, 물건에 대해 질문을 던져보는 것이다. '왜 이걸 여기에 뒀을까?', '나에게 소중한 물건일까?', '여기보다 더 쓰기 좋은 곳은 없을까?', '얼마나 있어야 충분할까?' 이런 질문들은 너무도 소소하고 당연해서 평소에는 굳이 생각할 필요성을 느끼지 못하는 것들이다. 그러나 이는 일상의 철학이나 다름없다. 철학이라는 것 역시 오랜 상식을 의심하여 이전과 전혀 다른 관점을 발견하고 새로운 가치관과 세계관을 창조하는 학문이니 말이다. 정리가 자신에게 맞는 새로운 질서를 발견하고 창조하는 일이라 생각하게 된다면 조금 더 빨리 홀가분한 일상을 누릴 수 있게 될 것이다.

# 삶의 마디마디에 집중할 시간을 얻다

'정리의 여왕'이라는 주제로 정리 교육을 한 적이 있다. 주부들을 대상으로 한 평일 오전 강좌였다. 멀리서 아기띠를 하고 아기를 안은 여성이 눈치를 보며 강의실 쪽으로 걸어왔다.

"아기를 맡아주시기로 한 분이 일이 생겨서 못 오셨어요."

그녀는 간절한 눈빛으로 아기를 데리고 교육을 들을 수는 없는지 물었다. 배움에 대한 간절한 마음이 느껴져서 꼭 듣게 해드리고 싶었다. 다행히 나머지 교육생들도 흔쾌히 양해해주셨다. 잠자고 있던 아이는 교육 시간 내내 소리 한 번 내지 않고 조용히 있어주어 그녀도 집중해서 교육을 들을 수 있었다.

새로 런칭한 교육이라 살짝 걱정했지만 교육생들의 반응은 매우 좋았다. '정리의 여왕'이라는 제목은 '정리를 잘하는 사람이 되라'는 의미가 아니라, 여왕처럼 우아하게 생활하고, 원하는 것들을 주도적으로 성취하라는 메시지를 담고 있었다. 가장 반응이 좋았던 부분은 내가 일 년에 두세 번은 내 자신을 위해 반드시 여행을 떠난다는 대목이었다. 언제든지 떠나기 위해, 내가 없어도 가족들이 무리 없이 생활할 수 있도록 시스템을 만들자는 것이 내가 역설한 정리의 목적이었다. 동경이든, 동기 부여든, 수강생들의 존경과 부러움의 눈빛을 지켜보며, 그녀들에게 주어진 역할로 인한 질곡을 생각하게 되었다.

에세이 《사랑하고 쓰고 파괴하다》의 저자 이화경은 한 아이의 엄마이자 한 가정의 주부로 복닥거리며 조신하게 살다가도 '불쑥불쑥 치밀고 올라오는 불안과 채울 길 없는 결핍과 알 수 없는 갈망에 미칠 것 같은' 순간과 마주했다고 썼다. 그래서 가끔은 '눈에 넣어도 안 아플 것같이 예쁜 어린 새끼를 놀이터에서 그네에 태워 밀어주다가도 훌쩍 도망가고 싶었다'고 고백한다. 누군가를 책임지고 돌봐야 한다는 것은 본능적으로 떠남의 욕망을 품게 만든다.

자녀를 기르는 일이든, 집안을 청소하거나 정리를 하는 일이든, 한 사람에게 내맡겨진 일이 반복되면 누구라도 숨이 막히는 순간이 온다. 꼭 여행이라는 방식이 아니라도, 어쩌면 일주일에 하루라도, 24시간 중 몇 시간만이라도 온전히 자신을 위한 시간으로 만들 수 있어야 한다. 하루와 삶의 마디마디에 집중할 시간과 자유. 그래서 나는 정리를 권한다. 그날 아기를 안고 온 그 교육생에게도 그 이야기를 해주고 싶었다.

잡동사니만 줄여도 집안일이 40퍼센트나 줄어들고, 잘 만들어진 질서와 시스템은 더 큰 효율과 자유를 준다. 나아가 가족들과 간단한 규칙을 공유하는 것만으로도 그것을 도맡아 하는 한 사람의 부담을 줄이고 다 함께 가사에 참여할 수 있다. 그리고 나서 마음 놓고 떠나자. 우리가 여행을 떠나는 이유는 그야말로 떠나기 위해서이다. 내가 책임져야 할 사람으로부터, 내가 관리해야 할 물건으로부터.

# 우리의 인생에 정리가 필요한 이유

초등학생 아이 둘을 키우면서 직장에 다니는 K가 있다. 정리 관련 책이나 유명한 살림꾼들의 블로그에서 본 것처럼 주방을 깔끔하게 만들고 싶지만, 생각처럼 쉽지 않다. 어느 날은 의욕에 넘쳐 수납도구들을 박스째 사들이다가도, 그것을 미처 정리할 시간이 없어서 결국 또 다른 짐이 되기 일쑤다. 때로는 퇴근 후 2~3시간씩 시간을 내어 정리를 시도하지만, 이리저리 넣기만 하다가 마무리하지 못한 채 좌절한다.

직장 생활을 시작한 지 얼마 되지 않은 사회초년생 H는 의욕이 가득하다. 직무 향상을 위한 인터넷 연수도 듣고, 언젠가를 위해 영어회화 학원도 다니며, 2주에 한 번 독서 모임도 참여하고 있다. 헬스클럽에서 운동하는 것도 포기할 수 없다. 또 그는 늘 새로운 아이디어에 매료된다. 그래서 플래너의 'To-do-list'에는 매일 새로운 일들이 추가된다. 그러나 매일 끝내지 못한 일 역시 가득하다. 그는 오늘도 플래너를 보며 한숨을 쉰다.

서비스업에 종사하는 Y대표는 눈코 뜰 새 없이 바쁜 하루하

루를 보낸다. 요즘 가장 중요하게 생각하는 일은 2호점 오픈이다. Y대표는 대인관계가 사업의 열쇠라고 생각하기에, 직원들과 면담하고 고객들을 만나 접대하는 일에 대부분의 시간을 보내고 있다. 홀로 조용히 컴퓨터 앞에 앉는 시간이면 창밖은 이미 어둑어둑해진 뒤다. 오늘 역시 가장 중요한 일은 하나도 하지 못했다는 생각 때문에 자괴감이 든다.

이런 분들의 마음속에는 "제가 부지런하지 못해서요", "정리해야 되는데 귀찮아서요", "너무 게을러서요"라는 생각이 자리 잡고 있다. 정리되지 않은 공간, 일, 관계로부터 스트레스를 받으며, 자신을 책망하는 데 익숙해져 버린다. 책망이 늘수록 자신감은 떨어지고, 쉽게 포기하게 되는 악순환이 생긴다. 혹시 당신도 인생이 정리되지 않은 이유가 당신이 좀 더 부지런하지 못하기 때문이라며, 행복하지 않은 이유가 당신이 게으르기 때문이라며 자괴감을 느끼고 있는가?

단언컨대, 우리의 인생이 정리되지 않는 이유는 우리가 게으르고, 부지런하지 못하기 때문이 아니다. 혹은 우리의 지식이나 능력의 한계도 아니다. 문제는 우리의 삶이 지극히 제한적이며, 모든 것이 유한하다는 데에 있다. 그런데 이 사실을 잊고, 우리도 모르는 사이에 너무나 많은 일, 관계, 물건 들을 끌어안게 된다. 그래서 신경 써야 할 일이, 챙겨야 할 관계가, 정리해야 할 물건이 너무나 많아지게 된 것이다. 시간이 지날수록 어떤 일에 능숙해져야 하고, 더 효율적이게 되며, 좀 더 행복해지기를 마음속으로 바란다. 그러나 어느 순간 한 발자국도 앞으로 나아가지 못했다는 기분이 드는 것은 바로 그런 이유다.

내가 정리 교육을 들으러 오신 분들께 "이 물건을 버리지 않고 둘 가치가 있을까요?", "얼마나 있어야 충분할까요?", "나에게 정말 소중한 일은 무엇일까요?", "나를 불편하게 하는 사람들과는 어떻게 관계를 해야 할까요?"라고 질문하면 "한 번도 생각해본 적이 없는데요"라는 답변이 돌아올 때가 많다. 어쩌면 너무도 사소하고 소박해서 한 번도 생각해보지 못한, 생각할 필요도 느끼지 못했던 질문들.

그러나 지금보다 질서가 잡힌 삶을 원한다면, 정리를 잘하고 싶은 마음이 있다면, 좀 더 부지런해지고 효율적으로 움직이려고 하기보다는 바쁜 삶을 멈추고, 바쁜 걸음을 멈추고 이 질문에 대한 답을 고민을 해보았으면 한다. 그것에 대해 스스로 명확한 답을 내릴 수 있을 때, 우리는 우리 삶에 너무나 많은 것이 넘치도록 밀려들어오지 못하게 컨트롤 할 수 있으며, 삶이 어지러워지는 순간에도 무너지지 않고 다시 일상의 평온함을 만들어낼 힘을 갖게 될 테니 말이다.

/After/    어쩌면 너무나 사소해서

한 번도 진지하게 생각해보지 못했던 질문들…

이 물건, 꼭 이곳에 두어야 할까?

나에게 정말 필요한 물건일까?

나에게 정말 소중한 일은 무엇일까?

얼마나 있어야 충분할까?


바쁜 삶을 멈추고

진지하게 대답을 생각하기 시작한 윤선현 씨.

그는 지금 꼭 필요한 것들로만 인생을 채웠다.

# Part 2.

## 정리 잘하는 사람들의 비밀

'정리의 달인'이라 불리던

그녀가 첫 컨설팅에 나섰다.

온갖 물건으로 꽉 찬 고객의 집 앞에서

그녀는 말문이 막혔다.

결국 하루 만에 꿈을 포기했다.


정리에는 비법과 도구보다

지난한 과정을 견디는 마음이 필요하다.

어질러지고 넘어지는 것을

두려워하지 않는 마음.

정리는 결과보다 과정에 마음을 쓰는 일이다.

# 안나 카레니나의 법칙

세계적 대문호 레프 톨스토이의 고전《안나 카레니나》는 이런 구절로 시작한다.

"행복한 가정은 모두 비슷한 이유로 행복하지만, 불행한 가정은 저마다의 이유로 불행하다."

주인공 안나 카레니나는 행복의 조건을 모두 갖추고 있는 듯했다. 타고난 미모에 돈 많은 귀족과 결혼했고 그 사이에 귀여운 아들도 있었다. 하지만 안나는 나이 차가 크고 점잖기만 한 남편과의 무미건조한 결혼 생활에 권태를 느끼고, 젊은 장교 브론스키 백작과 사랑에 빠지게 된다. 브론스키의 아이를 임신한 안나는 가정을 버리고 뛰쳐나와 새로운 삶을 시작하지만, 사랑에 대한 과도한 집착과 아들에 대한 그리움에 시달리다가 달리는 기차에 몸을 던지는 극단적인 선택을 한다.

안나 카레니나의 삶은 행복해지길 원하는 우리에게 두 가지 교훈을 남긴다. 누구든 불행에 빠질 수 있는 조건을 가지고 있음을, 그러나 반대로 "가족들이 아프지 않고 모두 건강해서 행복해요"라고 말하는 이들처럼 행복에는 또 특별한 조건이 필요한 것이 아니라는 메시지를 말이다. 행복은 그만큼 어렵고, 어쩌면 너무나 쉽다.

그런데 정리 사업을 시작하고서 좀처럼 집 정리가 안 된다는 분들을 꽤 만나다 보니 속칭 '안나 카레니나의 법칙'이 정리에도 적용되는구나 싶었다.

> 정리된 집은 모두 비슷한 이유로 정리가 되지만,
>
> 정리가 안 된 집은 저마다의 이유로 정리가 안 된다.

그럴 법하지 않나. 쓰지 않는 물건을 버리지 못하는 이유는 사람마다, 아니 물건마다 제각각이다. '선물 받은 거니까', '추억이 담긴 물건이니까', '언젠가 쓸 거니까', '비싸게 주고 산 거니까' 등등. 대부분은 물건 그 자체가 가진 본질과 쓰임새와 관련된 이유가 아니라 각자가 부여한 의미 때문에 버리지 못한다.

반대로 정리를 잘하는 사람에게 어떤 물건을 버리지 말아야 하는 이유에 대해 묻는다면 대답은 한 가지일 것이다. "자주 쓰니까요." 버리는 이유에 대해 묻는다면 그 대답 또한 심플할 것이다. "잘 안 쓰니까요."

행복이 우리의 마음가짐에 따른 것이라면, 우리가 물건을 버리지 못하는 이유 역시 그 물건이 가진 본질과는 관련이 없는 경우가 대부분이다. 우리가 그 물건에게 가지고 있는 철저한 관념의 문제라는 말이다. 그래서 그런지 국립민속박물관이 매년 발표하는 지역별 《도시민속조사보고서》의 살림살이 조사 결과에 따르면, 같은 30평대 4인 가족 중 물건이 적은 집은 약 2,000여 개의 물건을, 물건이 많은 집은 약 4,500개의 물건을 소유하고 있다고 한다. 내 경험상, 물건이 더 적은 집의 물건들은 생활에 필요한 필수 아이템을 포함, 자주 사용하는 것들이 대부분일 것이다. 행복한 가정이 모두 비슷한 이유로 행복한 것처럼, 정리된 집에 있는 물건도 엇비슷할 수밖에 없다. 우리 생활에 필수적이며 종종 사용하는 물건의 항목이 집마다 크게 차이가 나지 않기 때문이다. 이를 바라보는 우리 마음에 차이가 있을 뿐.

문명사학자 재러드 다이아몬드는 그의 저서 《총, 균, 쇠》에서 이 '안나 카레니나의 법칙'을 이해하면 인생의 많은 부분을 이해하는 데에 도움이 된다고 말한 바 있다.

"우리는 흔히 성공에 대해 한 가지 요소만으로 할 수 있는 간단한 설명을 찾으려 한다. 그러나 실제로 어떤 중요한 일에서 성공을 거두려면 수많은 실패 원인들을 피할 수 있어야 한다."

정리된 삶을 산다는 것은 어쩌면 쉬운 일이고 어쩌면 어려운 일이다. 보이는 건 물건이지만 그 물건들의 존재와 상태에는 우리의 마음가짐이 반영되기 때문이다.

"신들린 것처럼 한 달 동안 정리만 했어요. 정리만 했을 뿐인데 속이 다 시원해요."

정리력 카페에는 한 순간의 결심과 작은 계기로 온 집안을 뒤집고, 비우기에 몰두한 사람들의 사연이 가득하다. 그들이 정리하기로 마음먹은 것은 물건이 아니다. 물건에 대한 자신들의 관념과 감정이다. 다이아몬드의 말처럼 우리가 정리된 삶을 살기 위해서는 물건을 비우지 못하는 수많은 이유들을 피해야만 한다. 아니, 버려야 한다. 사람들이 정리만 했을 뿐인데 마음이 편안해진 것은, 물건과 함께 집착, 과거, 죄책감도 같이 버렸기 때문일 것이다.

# 완벽에 대한 재정의가 중요하다

수년간 내가 주최하는 정리 워크숍에서 가장 인기가 높았던 프로그램 중 하나는 〈처치 곤란, 정리는 어려워〉라는 이름의 과정이다. 이 프로그램은 간단한 아이스 브레이킹으로 시작되는 코너로, 본격적인 8시간짜리 워크숍 과정에 진입하기 전 오프닝 역할을 한다. 이 시간에 교육생들은 사전에 과제로 주어진 '정리가 가장 안 되는 공간이나 상징물 사진'을 준비해 사람들 앞에서 공개한다.

프로그램이 시작되기 전에는 늘 교육장 내에 각자의 수줍음과 긴장감이 맴돈다. 그러나 우려와 달리, 첫 번째 사진이 공개되는 순간부터 이곳저곳에서 웃음이 터져 나오면서 워크숍 분위기가 급격히 뜨거워진다. 마치 서로의 가장 부끄러운 모습까지 다 본 사이가 된 것처럼 교육생들끼리 친밀감이 높아지는 것이다. 교육생들은 사진 속 널브러진 물건들을 보며 각자 마치 셜록 홈즈가 된 것처럼 직업적 특징이나 개인적 취향들을 추론하면서 서로에 대해 알아가는 시간을 보낸다.

최근에 있었던 워크숍에서는 침대 옆에 옷 무덤이 흡사 백제 시대의 왕릉처럼 쌓인 사진이 나왔다.

"어쩌다가 이렇게 됐는지 말씀해주실 수 있나요? 물론 원치 않으시면 그냥 넘어가도 됩니다."

익명으로 공개되는 사진이지만, 대부분은 수줍어하면서 '커밍아웃'한다.

"제가 어느 날 안방 옷을 정리하려고 거실에 버릴 옷과 잡동사니들을 한가득 꺼내놨거든요. 근데 그날따라 남편이 퇴근하고 일찍 들어오는 바람에 급하게 다시 안방 한구석에 쌓아둔 거예요. 그리고 일주일, 이주일 지나도 마무리를 못하고 그대로인 거 있죠. 저걸 손댔다가는 큰일 날 것 같아서 그냥 포기했어요."

그러자 다들 공감하는 눈빛을 보낸다. 모두 비슷한 경험들이 있기 때문이다. 두 번째, 세 번째 사진이 공개되면 이제는 교육생들이 알아서 손을 들고 자신의 답답한 사연을 토로하기 시작한다.

"저도 정리하려면 집을 다 뒤집어야 돼서 엄두가 안나요."

"책에서 본 것처럼 깔끔하게 정리되지 않아서 손을 놨어요."

"수납도구도 뭘 사야 될지 모르겠어요."

"가구나 살림살이들이 마음에 들지 않아서 좀처럼 의욕이 나지 않아요."

이쯤 되면 워크숍은 성토장으로 변한다. 정리가 안 되는 사연은 다양하고, 정리가 어려운 이유도 제각각이지만, 내가 보기엔 이 모든 성토들의 밑바닥에는 공통적으로 '완벽주의'라는 늪이 자리하고 있다.

누구나 조금씩 완벽주의자의 면모를 지니고 있다. 일을 완벽하게 하는 성향이 나쁜 것일까? 당연히 아니다. 문제는 완벽주의가 우리에게 종종 일에서의 조급증을 유발하는 데 있다. 완벽주의자들은 정리를 할 때도 엉성하지 않고 '완벽하게' 해내고 싶어 한다. 그러나 정리는 원상복구를 의미하므로 태생적으로 그 행위 자체가 비효율적일 수밖에 없는 일이다. 그러니 절대 시간이 오래 걸려서는 안 된다.

그래서 이런 분들은 정리에도 어떤 '뾰족한 수'가 있을 거라 생각하며 순식간에 완벽하게 정리하고 싶어 한다. 그러나 서랍 정리 하나를 하려고 해도 물건을 다 꺼내다 보면 바닥이 온갖 잡동사니로 어지러워진다. 완벽주의자들은 정리하는 과정도 체계적이고 여유롭기를 바라며, 들이는 시간과 노력만큼이나 눈에 보이는 성과를 기대하지만 현실은 절대 그렇지 않다. 지금까지 쌓아놓고 살았던 시간만큼 오랜 정리가 필요하며, 정리에는 혼란이라는 과정이 반드시 따라온다. 우리는 이 사실을 인정하고 포용할 때 비로소 정리를 포기하지 않을 수 있다.

그렇다면 이들에게 필요한 건 무엇일까? 워크숍을 시작할 때마다 나는 교육생들에게 기대하는 점에 대해 묻는다. 대부분은 정리하는 방법이나 테크닉을 배워가고 싶다고 말한다. 그러나 워크숍이 끝날 무렵 아마도 그들은 더 중요한 사실을 알아차렸을 것이다. 《어린왕자》의 작가 생텍쥐페리가 말한 '완벽'의 새로운 정의를 말이다.

**완벽함이란 보텔 것이 더 이상 없는 게 아니라 뺄 것이 더 이상 없을 때 완성된다.**

뭘 해야 한다는 생각보다는 매일 불필요한 것들을 하나씩 뺀다는 생각으로 정리를 하면 좋겠다. 정리를 시작하겠다고 마음먹었다면 현재의 혼란을 인정하면서 끌어안아야 한다. 우리가 원하는 삶은 '완벽하게 정리된 삶'이 아니라 '행복한 인생'이다. 집 한켠이 조금 어질러져 있다 해서, 설거지가 조금 쌓여 있다고 해서, 손톱깎이를 바로바로 찾지 못한다고 해서 당신의 인생이 아름답지 않아야 할 이유나 행복하지 못할 이유는 없다. 공간 정리의 권위자 캐런 킹스턴이 쓴 이 분야의 고전《아무것도 못 버리는 사람 (Clear Your Clutter With Feng Shui)》의 한 구절처럼, "우리는 완벽을 추구하려는 것이 아니다. 단지 우리의 공간을 막고 있는 잡동사니에 슬기롭게 대처하고 앞으로의 삶을 즐기려는 것" 뿐이다. 마음을 여유롭게 가지고 하루하루 지날수록 점점 커지는 여유를 즐겼으면 좋겠다. 내가 그랬던 것처럼 당신도.

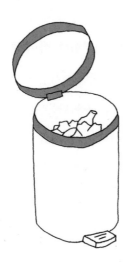

# 정리와 다이어트의 공통점

　나이가 들면서 급격히 늘어나는 허리 사이즈와 허리 통증에 특단의 조치가 필요했다. 그렇다. 지금까지 온갖 정리를 도맡아온 나에게도 '살 정리'가 필요한 순간이 오고야 말았다. 일찍이 작가 헨리 데이비드 소로가 "모든 사람은 자신의 몸이라는 신전을 짓는 건축가"라고 말하지 않았던가. 건강한 몸을 디자인하는 건축가가 된 것처럼, 정리컨설턴트의 심정으로 어지러워진 내 몸을 불필요한 지방은 정리하고 필요한 단백질을 채워 넣기로 했다.

　먼저 헬스장을 다니기 시작했다. 몸이 좋은 사람들에게 절로 눈길이 갔다. 저들은 정리를 잘하는 사람들이었다. 정리 잘하는 사람들은 흐르는 물과 같은 환경을 만든다. 집안에 들일 물건을 신중하게 선택하고, 사용한 물건이 오래되거나 헤져서 사용할 수 없으면 공간 속에서 빼낸다. 그리고 새 물건이 들어온 만큼 기존 물건을 반드시 내보낸다. 헬스장에서 열심히 운동하는 저 남자도 분명 그렇게 할 것이다. 몸에 들어올 음식물을 가려서 좋은 것만 섭취할 것이고, 몸에 들어오는 음식물이 만드는 에너지만큼 운동하여 기초 대사량을 키울 것이다.

인정하기 싫었지만, '살 정리'에 있어서만큼은 나는 정리를 못 하는 사람이었다. 집에 안 쓰는 물건을 골라 처분할 시간은 없지만 쇼핑하기 위해서는 정기적으로 기꺼이 시간을 내는 사람들처럼, 장시간 앉아서 생활하고 운동은 안 하면서도 기름지고 설탕 덩어리인 음식들은 찾아다니면서 먹어댔다. 결과는 자명했다.

결국 사람들이 정리를 잘 못하는 이유도 다이어트에 실패하는 이유와 비슷하지 않을까. 정리 못 하는 사람은 늘 정리하기 적당한 날에 하겠다며 최대한 정리를 미룬다. "내년 봄에 다 정리해야지", "날 풀리면 정리해야지", "날씨 좋은 날 해야지"라며 말이다. 다이어트를 결심한 사람들이 늘 하는 말, "오늘만 야식 먹고 내일부터는 절대 먹지 말아야지", "이번 달에 약속이 많으니깐 이번 달까지만 마셔야지"라는 말을 하듯. 하지만 그런 날이 오더라도 정리하는 날은 오지 않는다. 그게 바로 핵심이다.

분명 고통스러울 것이다. 물건을 버리는 것은 상실의 고통을 준다. 물건을 빼내지 않고 수납만 하는 것은 다시 금방 어지러워지는 상황을 반복하게 한다. 다이어트도 그럴 것이다. 먹고 싶은 것을 먹지 못하고, 운동을 하거나 활동량을 늘리는 것은 귀찮고 고통스러운 일임이 분명하다. 쉬운 방법을 찾으려는 유혹도 찾아올 것이다. 하지만 다이어트와 정리에 왕도란 없다. 비우기의 고통

없이 하는 정리도, 운동 없이 쉽게 다이어트 약을 먹거나 굶으며 하는 다이어트도 요요를 부르게 될 것이다.

마지막으로 내가 늘 말해온 '정리를 못하는 가장 근본적인 이유'가 있다. 바로 자기 자신을 진정으로 사랑하지 않기 때문이다. 자신의 삶을 사랑하는 사람이라면 무의미한 쇼핑에 집착하지 않으며, 불필요한 일, 잡동사니, 불편한 관계 속에 자신을 내버려두지 않는다. 마찬가지로 체중이 불러온 건강 문제를 방치하거나, 건강보다는 순간의 만족과 유혹에 넘어간다면 이 역시 자신을 사랑하지 않는 것이 아닐까.

자기 자신을 사랑한다는 것은 말은 거창하지만 실제로는 거창한 일이 아닐 수 있다. 그것은 그저 매 순간 우리가 선택하는 사소한 문제들의 총체이다. 무언가를 사기 전에 자신에게 꼭 필요한 물건인지를 한 번 더 생각하는 일, 다 쓴 물건이나 안 쓰는 물건을 부지런하게 내 공간에서 빼내는 일처럼 말이다. 같은 연유로 지방과 당분이 많은 음식 대신 저열량 고단백 음식을 선택하는 일, 엘리베이터를 타는 대신 계단으로 오르내리는 일도 그렇다. 하루아침에 요술처럼 정리되는 집을 기대하지 않는 것처럼, 갑자기 '몸짱'이 되는 허황된 기대는 애초에 갖지 않아야 함은 물론이다.

쌓기만 했던 시간만큼 내보내는 데에도 시간이 필요하다. 운동하지 않았던 나날만큼의 시간이 나에게도 필요하다. 조급해하지는 않을 것이다. 물건이 들어오는 날보다 나가는 날이 늘어날수록 공간의 여유가 생기듯, 단지 내 바지 사이즈에도 시간이 지나 여유가 생기기를 바랄 뿐이다. 서랍 한 칸을 정리할 수 있으면 삶도 정리할 수 있다는 믿음은 이번에도 결코 나를 배신하지 않을 것이다.

# 정리는 결과가 아니라 과정이다

한번은 자신의 정리 실력에 굉장한 자부심을 가진 여성분이 정리수납컨설턴트 양성 교육에 참석했다. 본인은 자타가 공인한 정리전문가라고 했다. 빈말은 아닌 듯 했다. 과제로 본인의 집을 정리하고 그 결과를 발표하게 했는데, 진정한 미니멀리스트가 아닐까 싶을 정도로 그녀의 집은 간소하고, 깔끔했다. 교육을 함께 듣던 이들 모두 존경의 눈빛으로 그녀에게 박수를 보냈다.

교육이 끝나자 그녀는 우리 회사의 정리컨설턴트로 지원했다. 정식 컨설턴트가 되기 위해서는 일정 기간 실습생으로서 컨설팅에 참여하는 수습 기간을 거쳐야만 한다. 이 기간은 선배 컨설턴트와 짝을 이루어 각 집의 정리컨설팅 과정을 실습하고, 일종의 도제식 교육을 거치는 기간이다. 그녀는 자신도 수습 과정을 거쳐야 한다는 사실에 다소 실망을 한 눈치였지만, 그래도 어찌 되었든 원칙은 원칙이니 그대로 따르겠다고 했다.

그렇게 그녀의 첫 번째 실습 날이 되었다. 과연 그녀는 성공적으로 첫 컨설팅을 마쳤을까? 결론은 예상 밖이었다. 그동안 그녀가 보여주었던 의욕과 자부심이 무색하게도, 그녀는 수습 과정의 첫날 밤 '내 길이 아닌 것 같다'는 메시지를 한 줄 남기고는 연락을 끊었다. 황당한 일이 아닐 수 없었다. 함께 참석했던 컨설턴트들의 이야기를 들어보니, 그날 그녀는 정리컨설팅을 하러 간 집 안을 둘러보면서 연신 "이렇게 물건이 많은데 오늘 하루에 정리가 다 될까요?", "진짜 정리는 언제부터 할 수 있나요?"라는 질문을 했다고 한다.

간소한 삶을 살아왔던 그녀에게 눈앞에 펼쳐진 어마어마한 물건의 양은 감당하기 힘들었을 것이다. 실제로 컨설팅을 다니다 보면 상식을 뛰어넘을 만큼 물건들이 많은, 전쟁통 같은 현장도 마주하게 된다. 익숙하지 않은 물건과 낯선 가구들, 고객이 버리지 못한 수많은 물건들 앞에서 그녀의 자부심과 자긍심은 무너져내렸을 것이다. 특기였던 각 잡아 옷 깔끔하게 개기, 주방 그릇들 가지런히 수납하기처럼 그녀가 생각했던 '진짜 정리 비법'은 빛을 발할 수 없었을 테니 말이다. 애초에 물건을 많이 가져본 적이 없었던 그녀는 결국 정리컨설턴트가 되겠다는 꿈을 하루 만에 접고야 말았다.

정리컨설턴트를 '공간의 마법사'라 표현하는 이들도 있지만, 누차 말했듯이 정리라는 일은 눈 깜짝할 사이에 일어나는 일이 아니다. 혹자는 정리컨설턴트가 통제된 환경에서 예쁜 앞치마를 입고 여유롭게 수납하는 모습을 상상하지만, 그것은 현실과 아주 다르다. 대부분의 시간을 카오스 상태에서 물건을 꺼내고, 버리고, 분류하고, 다시 넣고, 분리수거하고, 쓰레기 버리는 일을 하는 데 쓴다. 정리를 잘하는 사람은 그 과정을 잘 버티는 사람이며, 아무리 '심란한' 집이라도 이 과정을 거치고 반복하다 보면 결국에는 정리된다는 것을 경험으로 증명해온 사람들이다. 당연한 이야기지만, 정리는 언젠가는 끝이 난다. 통제 가능할 정도의 물건들만 남겨지고, 그 물건들 각각에 제자리가 생기면, 즉 올바른 질서가 생기면 정리는 갈수록 짧은 시간 안에 끝난다.

삶이 과정의 연속이듯, 정리 또한 비우고, 분류하고, 수납하는 지난한 과정의 연속이다. 다행스러운 것은 정리가 특별한 기술 없이도 누구나 할 수 있는 일이라는 점이다. 정리도 삶도 어질러진 것들을 잘 수습하고 정리하는 과정에서 성장을 이루게 된다. 그 성장이란 효율성은 물론, 어질러지고 넘어지는 것을 두려워하지 않는 마음을 키우는 일이랄까. 그러므로 정리도 삶에도 실패란 없다. 과정으로만 존재하는 정리와 삶이 주는 선물이라고나 할까. 지금 그녀는 그날의 경험을 어떻게 기억하고 있을까? 정리컨설턴트에 도전했던 경험이 그녀에게 좋은 선물이 되었기를 바란다.

# 새로운 계절을 맞이하다

정리력 카페에선 때때로 집 정리에 도움이 되는 미션을 던진다. 그중에는 '가구(물건) 옮기기'라는 미션이 있다. 어떤 회원은 침대처럼 큰 물건을 다른 위치로 옮기기도 하고, 어떤 회원은 가위를 서랍에서 꺼내 벽면에 매달기도 한다. 이 미션을 끝낸 회원들은 물건을 사용하기가 더 편리해지고, 집이 넓어지고, 집안 분위기가 달라졌다는 이야기를 한다. 시간이 오래 걸리는 일도 아니고 위치만 바꿨을 뿐인데 변하는 것이 한두 가지가 아니다. 작은 변화가 만드는 마법 같은 순간이다.

일본의 유명 작가 오쿠다 히데오의 소설집 《오 해피 데이》에는 정리하는 주인공이 등장한다. 마흔두 살의 야마모토 노리코. 그녀는 중학생 아이를 둔 주부이다. 어느 날 그녀는 두 아이가 중학생이 된 이후로 바캉스 한 번 다녀오지 않았음을 상기하며, 가지고 있던 접이식 피크닉테이블을 정리하기로 결심한다. 그리고 여동생의 권유로 옥션 사이트에 매물을 올리는 새로운 일을 시도한다. 우리로 치자면 '중고나라' 카페에 매물로 내놓는 식이다.

평범한 주부였던 노리코는 '중고 판매'라는 이벤트를 통해 이제껏 없었던 삶의 정체성을 갖게 된다. 중고 물건에 가격을 매기는 감정사도 되고, 수많은 매물들 사이에서 어필하기 위해 문구 하나하나에 신경 쓰는 영업판매원이 되기도 하며, 12킬로그램이나 되는 물건을 낑낑대며 우체국까지 가져가 안전하고 빠르게 유통시키는 유통업자도 된다. 무엇보다 노동의 가치가 돈으로 환산되지 않는 전업주부가 아니라 현찰이 계좌에 꽂히게 만드는 '세상살이에 참여한' 사회인이 된 것이다.

노리코는 점점 중고 판매의 매력에 빠져든다. 사용하지 않아 방치되어 있던 물건들을 꺼내어 손질하고 바깥세상에 선보이면서, 그 물건의 가치를 재발견하고 그 안에 생명을 불어넣는 일을 통해 그녀는 일상에 활력을 얻는다. 아이들이 커가면서 점점 왜소해지던 엄마라는 역할에서 벗어나 사회적 자아로서 존재 가치를 회복하고 자신을 재발견한 셈이다. 자아의 재발견과 회복은 신체의 변화마저 일으킨다. 이웃들로부터 "젊어졌다", "대체 비결이 뭐냐"라는 말을 듣는 일은 그녀에게 또 다른 기쁨이 되었다.

소설 속 노리코처럼 중고 판매가 아니라 정리로 인생의 '새로운 계절'을 맞이한 사람들을 나는 여러 명 알고 있다. 정리컨설턴트로 제 2의 삶을 살고 있는 우리 직원들이다. L컨설턴트는 원래 부모님이 운영하던 유치원의 교사로 10년 동안 일하면서, 부모님

뜻에 이끌려 자신의 꿈을 접어둔 채 끌려다니며 사는 삶에 늘 짜
증과 불만을 갖고 있었다. 그러다가 우연히 TV에서 정리컨설턴트
라는 직업이 있다는 사실을 접하고서 이제라도 좋아하는 일을 하
겠다고 도전한 것이었다.

M컨설턴트는 모 기업의 콜센터에서 3년간 일하며 반복되는
회의감을 겪고 있었다. 어느 날 출근길에 내가 펴낸 책을 읽고는
과감히 회사를 그만두고 새로운 인생을 찾은 케이스다. S컨설턴트
는 아이들을 중학교에 보내고 다시 일을 해보려는 마음이 생겼다.
수년간의 살림 경험과 노하우를 살리면서 시간 활용도 자유로운 일을 찾다가 정리컨설턴트를 꿈꾸게 되었다. 그들은 지금 전문적인 정리컨설턴트가 되어 '멘붕'에 빠진 고객들의 물건을 일사분란하게 정리하고 있다. 그 과정에서 고객들에게 공간과 시간의 여백도 선물한다. 매 컨설팅이 끝날 때마다 고객이 기뻐하고 감동받는 모습을 보면서 자부심과 보람을 느끼는 것은 물론이다.

오랫동안 물건이 한 자리에 있게 되면 그것 자체가 관성이 되어 존재가치를 잃어버린다. 사람도 마찬가지다. 오랫동안 한 자리에 있으면 삶의 반경이 줄고, 제 스스로 변하지 않는 배경처럼 생명력을 잃어가게 된다. 물건이든 사람이든 익숙함에서 벗어났을 때 본연의 가치를 되찾거나, 새로운 가치를 발견할 수 있다. 인생의 새로운 계절을 맞이한 노리코와 우리 정리컨설턴트들, 그리고 나처럼 말이다.

# 사는 곳을 보면 인생이 보인다

어느 날 사무실에 SOS를 외치는 듯 요란한 전화벨이 울렸다. 전화를 건 고객은 50대 여성이었다. 내가 전화를 받자마자 그녀는 수화기를 붙들고 분노 섞인 하소연을 한참 동안 늘어놓았다. 한 달 전에 이사했는데 이삿짐센터 직원들이 물건을 엉망으로 넣어두고 가서 다시 정리가 안 된다는 것이었다.

고객의 집은 서울 삼성동의 40평대 아파트였다. 동네가 동네이니만큼, 아파트 외부도 그야말로 으리으리했다. 외부인의 진입이 차단된 삼엄한 경비 초소를 지나 고급스러운 로비를 통과해 고객의 집 앞에 당도했다. 현관문을 열고 들어가니 작은 전실이 나왔다. 수백 켤레의 신발을 보관할 만큼의 큼직한 벽면 수납장이 있었다(잠시 후 열어봤더니 빈 공간이라곤 찾아볼 수 없었다는 것이 반전이라면 반전). 우윳빛 대리석이 깔린 복도를 지나 우리는 넓은 거실에 당도했다. 고층 아파트답게 탁 트인 멋진 전망이 한눈에 들어왔다.

감상도 잠시, 우리는 곧장 의뢰 고객의 집을 정리하기 시작했다. 20~30평대 아파트보다 넓어 평소보다 많은 인원이 방문했기에 미리 세워둔 계획에 따라 공간마다 적정 인원을 배정했고, 각자의 방에서 정리 작업이 일사분란하게 진행됐다.

반나절 동안 버려야 할 물건을 분류하고 집안 모든 서랍장의 수납을 정리하다 보니, 이 고객의 집이 정리되지 않는 이유는 이삿짐센터 때문이 아니란 사실을 깨달았다. 우선 주방 찬장과 서랍을 열어보니, 분홍색 아이스크림 스푼과 치킨집 이름이 적힌 나무젓가락, 일회용 용기와 같은 물건들이 100리터 쓰레기봉투를 족히 채우고도 남을 정도로 많았다. 사은품으로 받은, 쓰지 않는 프라이팬과 냄비가 열다섯 개나 나왔고, 플라스틱 반찬통 세트도 다섯 더미가 나왔다. 서재의 서랍장에는 족히 5년 치는 될 각종 우편물과 청구서, 가전제품의 매뉴얼이 가득 쌓여 있었고, 온갖 전선들이 뒤엉켜 문이 제대로 열리지 않을 정도였다. 안방 이불장을 열어보니 여기저기에서 받은 답례용 수건이 세 개의 박스에 고스란히 방치되어 있었다. 그야말로 '필요하지 않은' 물건들의 축제였다.

어느새 거실 한 쪽에 집안 곳곳에서 쏟아져 나온 쓰지 않는 물건들이 100리터짜리 쓰레기봉투로만 여섯 개, 분리수거가 가능한 재활용품은 커다란 마대자루로 열두 개를 족히 채웠다. 1층에 있는 쓰레기 집하장까지 수차례 왕복하며 그 많은 쓰레기를 처리하느라, 쓰레기 배출 작업만 세 시간이 넘게 걸렸다. 옆집 이웃은

이 집이 이사 온 지 얼마 되지 않아 다시 이사를 가는 줄 알았다고 했다.

나는 매매가 50억 정도 되는 아파트에 살아볼 순 없어도 들어가 볼 수 있는 일을 한다. 그 덕에 그 동안 꽤 여러 집을 다녔다. 하지만 일을 마치고 우리 집 현관문을 열고 들어가면서 으레 외치던 "우리 집이 최고다"라는 말이, 그날따라 조금은 다르게 느껴졌다. 삼성동 아파트보다 볼품없고 소박한 우리 집이 그 으리으리한 집보다 값지게 느껴졌다.

그날 나는 '아무리 좋은 아파트에 살더라도 필요 없는 잡동사니로 채워진 집에서 의식주를 겨우 해결하듯 사는 것이 무슨 의미일까'라는 생각을 내내 떨쳐 버리기 어려웠다. 특히 그날 삼성동 고객이 거실 한 가득 채운 쓰레기봉투를 보며 "왜 진작 버릴 생각을 못했을까요? 그동안 쓰레기들을 집에 모셔두고 살았네요!"라고 했던 말이 맴돌았다. 집의 가치를 만드는 것은 그 공간을 어떻게 채우느냐에 따라 달라진다는 사실을 절실히 느꼈다.

우리 집이 최고인 이유는 또 있다. 하루 종일 낯선 공간과 불필요한 물건들과 씨름하고 돌아오면 '내 집'이란 공간이 그렇게 아늑하고 편안할 수가 없다. 우리 집에는 나와 가족의 역사와 삶의 방식이 고스란히 배어 있기 때문이리라. 삶의 계절에 따라 이리저리 조율했던 스토리들이 고스란히 담겨 있기에, "우리 집이 최고다"라는 말은 그 어떤 공간과의 비교 자체가 불가하다는 최상급 표현이다. 필요한 물건만, 필요한 만큼만, 모든 것이 우리 가족에게 꼭 맞는 곳에 놓여 있는 집은 하루 종일 허리 구부리고 손발 부지런히 움직이며 고단한 하루를 보내고 돌아온 나를 양팔 벌려 따스하게 안아주는 엄마 같은 존재다.

한때 '당신이 사는 곳이 당신이 어떤 사람인지를 말해줍니다'라는 아파트 광고 카피가 있었다. 실제 광고는 '그러니 비싼 아파트를 사세요'라는 이야기를 하고 싶었을 테지만, 나는 그 문구를 보면서 집이라는 공간에 대해 다시 생각하게 됐다. 우리가 사는 곳이 우리가 어떤 사람인지를 말해주려면 어떤 물건들로 얼마나 채워야 할까? 내 가족에게 꼭 필요한 물건들로, 우리가 쓰기 알맞은 정리의 질서들 속에서, 그래서 우리 가족의 삶을 닮아 조금도 불편함 없이 채워지고 비워진 공간이라면 더할 나위 없지 않을까? 그럴 때야말로 '내 인생 괜찮구나, 잘 살고 있구나'라고 말할 수 있을 것이다. 아마도 번지르르한 분양 광고나 치솟는 값비싼 부동산 이야기에도 흔들리지 않고 각자의 삶과 공간에 대해 '비교 불가능한' 충만한 행복감을 누릴 수 있을 것이고 말이다.

# 컬렉션 vs. 셀렉션

10년 가까이 고객의 집을 정리하러 다니면서 집집마다 놓인 다양한 수집품을 만났다. 종류도 그야말로 다채로웠다. 초등학교 때 받았던 상장과 트로피, 회사 행사나 교육에서 받아온 명찰이나 명함을 비롯하여, 전 직장에서 쓰다 남은 사무용품, 어린 시절 반짝 취미였던 우표, 또 어떤 이는 쇼핑을 하고 생긴 명품 쇼핑백, 심지어 빵 끈을 모으는 사람도 있었다. 아마 모두들 하나쯤은 해당될 것이다.

잡지 〈생활의 수첩〉의 전 편집장 마쓰우라 야타로가 쓴 책《일의 기본 생활의 기본 100》을 읽다가 어느 구절에서 나도 모르게 무릎을 쳤다.

### 모으는 건 컬렉션, 고르는 건 셀렉션

그렇다. 정말 정리가 안 되는 사람은 모으기만 하고, 정리를 잘하는 사람은 물건을 고른다. 대체 어떻게 해야 '모으는 사람'이 아니라 '고르는 사람'이 되는 것일까. 이왕이면 어떻게 잘 고를 것인가. 무엇보다 물건에 대한 태도를 바꾸어야 한다. 태도를 바꾸는 것이 어렵다면 습관을 바꾸는 것은 어떨까? 내 경험상 몇 가지 훈련이 필요하다.

첫 번째 훈련은 '물건 구분'이다. 자, 모아놓은 물건들을 살펴보자. 보관할 물건이라면 보관해야 할 이유와 목적을 구체적으로 따져봐야 한다. 그 물건을 언제, 어떤 일을 위해 사용할지 정하는 것이다. 골동품처럼 오래 보관할수록 금전적인 가치가 높아지는지, 추억의 물건처럼 가끔이라도 꺼내보고 있으면 기분이 좋아지는지를 살펴야 한다. 그리고 물건을 보관할 공간이 충분한가도 따져봐야 한다. 청결한 상태로 보관하지 않아 먼지가 쌓이거나 훼손된다면 모으는 이유가 분명하더라도 내가 소중하게 생각하는 물건이 아닐 가능성이 크다. 소중하다면 아무렇게나 막 두지 않을 것이다.

두 번째 훈련은 남길 물건들을 '셀렉트(select)'하는 것이다. 정리력 카페의 한 회원이 자신이 물건 버리는 방법을 공유했는데 많은 사람의 호응을 얻었다. 그 회원은 서랍을 정리할 때 일단 서랍에 있는 물건들을 종량제봉투에 모두 쏟아 넣은 다음에 버리지 않을 물건들만 골라낸다고 했다. 대부분 버릴 물건을 고르는데 그는 반대로 버리지 않을 물건을 고른 것이다.

두 가지가 무슨 차이가 있을까. 일단 모든 물건을 비운다는 것에 의미가 있다. 모두 비운다는 것은 가지지 않은 상태로 '리셋'한다는 것이다. 그러면 물건에 대한 집착이 적어지므로 물건에 대해 다시 냉정하게 판단할 수 있다. 다시 집에 들일 물건을 쇼핑한다는 기분으로 물건을 고르는 것이다.

좋은 물건을 고른다는 것은 이런 경험들이 쌓이고 쌓인 결과다. 내 마음에 들고 견고하고 가벼우며 아름다운 것. 몸에 잘 맞고, 편안하며, 우리 집의 물건들과 조화를 이룰 수 있는 것.

만일 그래도 무언가를 남길지 버릴지가 고민된다면 다음 두 질문이 도움될 것이다.

**첫째, 다시 과거로 돌아간다 해도 이 물건에 돈을 쓸 것인가?**
**둘째, 미래의 이상적인 모습의 내가 계속 이 물건을 쓰고 있는가?**

실제로 이런 훈련을 많이 할수록 좋은 물건을 고르는 능력이 높아진다. 또 좋은 물건을 쓰는 경험이 늘면 물건을 보는 안목이 생긴다.

좋지 않은 물건은 우리가 마음만 먹으면 언제든지 살 수 있는 것들인 경우가 많다. 또 순간의 만족을 위해 소비하는 물건은 좋은 물건이 아닐 가능성이 크다. 좋은 물건을 들일 때는 시간도 들이게 된다. 시간을 들인다는 의미는 오랫동안 고민하고, 이것저것 따져보고, 돈을 모아서 산다는 것이다. 이렇게 시간을 두고 '컬렉션'보다 '셀렉션'을 늘릴수록 집안이 아름다워지고, 삶의 만족감도 더욱 커질 수 있을 것이다.

# 나를 위한 꼭 필요한 사치

"사치하면 안 되지만, 그래도 저를 위한 작은 사치는 할 수 있는 거 아닌가요? 무언가를 사고 싶은데 그걸 못하니 그 스트레스도 엄청 나네요."

정리력 카페의 한 회원이 자유게시판에 고민 글을 올렸다. 많은 회원들이 공감했고, 사실 정리컨설턴트로 살고 있는 나도 종종 고민하게 되는 지점이었다. 대체 '사치'란 무엇일까. 사전에서 찾아보니 "필요 이상의 돈이나 물건을 쓰거나 분수에 지나친 생활을 함"이라고 표기되어 있다. 과연 그렇게 설명하면 충분한 것일까?

인간이란 본능적으로 기왕이면 예쁜 것, 좋은 것을 갖고 싶어한다. 대부분은 그런 것들이 당연히 비싸다. 조금 더 들어가서 생각해보면 사치인지 아닌지를 판단하는 일이 쉽지 않다. 일단 사용해본 적 없는 물건이 괜찮은지는 써보기 전에 알기가 어렵다. 또 자신의 분수에 넘친다고 생각하며 소비를 참거나, 저렴한 물건에 길들여지는 것도 참으로 서글픈 일이다. 지금까지 살면서 싼 것만 고집하다가 '싼 게 비지떡'이란 말을 실감한 적도 많으니 말이다.

그런데 재테크와 관련된 어떤 책을 읽다가 인상 깊은 구절을 발견했다.

**사치란 돈을 흥청망청 쓰는 것이 아니라 불필요한 것에 돈을 쓰는 것이다.**

이 말이 나는 사치의 사전적 정의보다 더 적확하다고 생각한다. 창고에 묵혀놓은 안 쓰는 물건들을 사지 않았다면 우리는 지금 쓰고 있는 물건들에 돈을 더 투자하여 좀 더 질 좋고, 아름다우며, 튼튼하고, 쓰기 편리한 물건을 샀을 수도 있다.

실제로 미국의 제이슨 첸이라는 파워블로거는 자신이 돈을 쓰는 방법을 '편안함의 원칙'으로 설명했다. 그는 주로 집에서 일하기 때문에 컴퓨터 앞, 의자에 앉아 하루 평균 10시간 이상을 보낸다. 잠자는 시간 8시간을 빼면 16시간 중 10시간, 그러니까 하루의 62퍼센트를 의자에서 지낸다. 시간으로 환산한다면, 하루 10시간씩 1년이면 2,600시간(주 5일 기준)이라는 엄청난 시간을 의자에 앉아 있는 것이다. 이렇게 오랫동안 앉아만 있으면 척추에 무리가 가서 건강에 이상이 올 수도 있다. 이때 일반적인 의자가 10만 원이고, 척추와 등을 편안하게 보호해주는 의자가 80만 원이라면 여러분은 어디에 돈을 쓰겠는가? 제이슨은 연 2,600시간을 나누어 시간당 25센트가 드는 걸로 계산했고, 시간당 25센트라는 비용은 충분히 투자할 만한 가치가 있으며, 매년 의자를 바꾸지 않을 것이기 때문에 1년 이상 사용할 경우 의자의 가치는 더더욱 커지리라 기대했다.

우리는 가끔 물건 그 자체보다, 가격에 현혹될 때가 많다. 그래서 가격이 싸니까 사고, '원플러스원'이라 사고, 어떤 때는 사은품을 주니까 사고, 또 반대로 비싸게 샀기 때문에 필요가 없어도 못 버리곤 한다. 처음에는 잘 샀다고 만족한 물건은 할인이 많이 되었거나, 저렴한 물건이라고 착각하는 경우가 많다. 그런데 정말 잘 샀다고 할 만한 것들이 구매 가격과 반드시 연계되는 게 아니다.

제이슨 첸의 의자 이야기처럼, 잘 산 물건의 공통점은 가격과 관계없이 얼마나 잘 쓰느냐, 그 물건을 사용하는 데 얼마나 많은 시간을 쓰느냐에 있다. 싼 물건도 사놓고 몇 번 사용하지 않으면 사치가 된다. 반대로 아무리 비싸도 사용을 하지 않으면 가치가 없다. '아끼다 똥 된다'라는 말도 있지 않던가. 결국 물건의 가치를 결정하는 것은 돈이 아니라 '시간'인 것이다.

그러니 물건을 구입하기 전에 자신의 삶을 먼저 돌아보자. 자신이 하루 동안 어떤 일에, 얼마의 시간을 쓰는지, 일을 잘하기 위해서 반드시 필요한 물건은 무엇인지, 어떤 취미 생활을 오랫동안 꾸준히 하고 싶은지. 그걸 따져봐야 진정한 의미의 사치인지 아닌지가 판단된다. 정말 필요한 물건, 오래 쓸 물건, 하루에 많은 시간 쓰는 물건에 돈을 쓰는 것은 결코 사치가 아니다. 설령 그것을 백과사전은 사치라고 규정할지라도, 누구보다 소중한 우리 스스로를 위해 그 정도 '꼭 필요한 사치'는 괜찮다.

# 정리는 수납이 아니다

　　정리컨설턴트 양성과정에 참석한 교육생 S는 자신의 집에 손님이 올 때마다 정리를 참 잘한다는 칭찬을 들었다고 했다. 그러던 중 지인이 정리컨설턴트라는 직업을 추천해 주었고, 궁금한 마음에 정리 교육에 참여하게 된 케이스였다. 그러나 교육을 받으면서 본인이 그동안 정리를 잘한 것이 아니었다는 사실을 깨닫게 되었다. 왜 그렇게 생각했을까?

　　교육이 끝나고 집으로 돌아간 S. 싱크대 찬장을 열자마자 그녀는 그 안에 자신이 사용하지 않는 가전제품과 그릇이 절반이 넘는다는 뼈아픈 사실과 마주했다. 오랫동안 방치된 요구르트·치즈 제조기부터 오랫동안 쓰지 않은 그릇과 사은품으로 받은 각종 플라스틱 그릇들을 빼내었다. 그랬더니 다용도실과 베란다 창고에도 나누어 수납했던 다른 물건들을 다시 싱크대 하부에 옮겨 넣고도 여유가 있었다. 결국 그녀가 깨달은 것은, 자신은 그동안 '수납'을 잘해왔던 것이지, 정리를 잘 해온 것이 아니라는 사실이었다.

　　대부분의 사람들은 정리와 수납의 차이를 알지 못한다. 구별

해서 사용하지도 않는다. 내가 만나본 고객들 중 상당수가 자신의 물건을 수납공간에 착착 넣기만 하면 정리가 끝날 것이라고 생각한다. 어떤 고객은 컨설턴트들에게 "다 쓰는 것들이니, 하나도 버리지 말고 넣어주세요"라고 요청한다. 물건이 너무 많이 들어 있어서 서랍 문이 잘 열리지 않는데도 말이다. 아마도 오랫동안 서랍에 있는 물건들을 사용하지 않았을 것이다. 수량이 얼마나 있는지도 모르고, 앞으로도 사용할 일이 없을지도 모를 물건들로 가득한 서랍장을 소유한 사람이라면, 이제 수납이 아니라 정리를 시작해야 한다.

가끔 잡지사에서 내게 정리 관련 인터뷰를 요청할 때가 있다. 우리 회사를 찾아와 인터뷰를 하게 되는 경우도 있는데, 그럴 때 기자는 아무것도 놓여 있지 않은 내 책상을 보고 조심스레 "물건들이 잘 수납되어 있는 곳을 사진 찍고 싶은데, 그런 공간은 없나요?" 하고 물어본다. '정리의 달인'으로 소개해야 하는데 책상에는 필통꽂이조차 찾아볼 수 없으니 의아했던 것이다. 그들이 원하는 사진의 '각'이 안서기도 할 것이다. 그러나 어쩌겠나. 내 책상에 있어야 할, 내 업무에 필요한 물건은 노트북과 아끼는 펜, 노트 한 권 정도 밖에는 없으니 다른 물건은 아예 있을 필요가 없는 것이다.

한번은 깔끔하게 정리가 잘 된 집에 방문하게 되어 "집이 정리가 잘 되어 있네요"라고 칭찬을 했더니, 집 주인이 나의 직업을

의식했는지 "집에 물건이 많이 없는 거지, 정리를 잘한 건 아니에요"라며 겸손한 말을 했다. 웃자고 한 이야기에 정색하는 꼴이지만, 엄밀히 따져서 그건 틀린 말이다. 안 쓰는 물건이 없는 상태, 효율적인 수납법이 필요 없는 집이 바로 내가 생각하는 정리가 잘된 집이기 때문이다.

　수납만 잘하면 된다고 생각하는 사람들에게는 한 가지 알려주고 싶은 사실이 있다. 사용하지 않는 물건을 보관하려면 그만큼 여유 공간이 줄어들고, 줄어든 여유만큼 생활의 편리함은 방해받기 마련이라는 것이다. 세계적인 경영학자 피터 드러커는 이렇게 말했다.

**하지 않아도 될 일을 효율적으로 하는 것만큼 쓸모없는 일은
없다.**

공간 정리에 빗대자면 쓰지 않는 물건을 효율적으로 수납하
는 것이야말로 쓸모없는 일이다.

그러니 이렇게 생각을 바꿔보면 어떨까. 정리는 지금 '넣는 것'
이 목적이 아니라, 나중에 '꺼내는 것'을 위한 행동이라고. 넣어두
기 위해서 정리하는 게 아니라 쓰기 위해서 잠시 비치하는 일. 그
런 뒤에 수납 잘하는 방법들을 생각하면 된다. 내가 꼭 사용하는
것들, 꼭 필요한 것들로 질서를 세운 수납 말이다. 어쩌면 진정 정
리가 잘 된 공간에 수납이란 것은 크게 의미가 없을지도 모른다.

# 정리를 익힌다는 것의 의미

중학교 시절 절친했던 친구 J는 기타를 참 잘 쳤다. 우리가 함께 다니던 교회에서 그는 멋진 기타 연주 솜씨로 인기가 많았다. 나도 멋진 '교회 오빠'가 되어보겠다며 J에게 배운 몇 개의 코드로 연주를 해보았지만 코드를 잡는 것은 너무나 어색했고 손가락이 제대로 말을 듣지 않았다. 결국 나는 얼마 지나지 않아 기타를 그만두었다.

그러다가 우연히 J의 집에 놀러가게 되었다. 나는 그의 방 안에 놓여 있던 여러 권의 기타 교본과 두 대의 기타, 수십 개의 기타 줄을 보고 꽤 놀랐다. J가 보여준 훌륭한 기타 솜씨가 매일같이 꾸준히 연습한 결과였음이 그날 그 방의 풍경들로 충분히 설명되었기 때문이다. 그에 비해 나는 아무 노력도 없이 잘 칠 수 있기만을 바랐으니, 심히 부끄러웠던 기억으로 남아 있다.

함께 일하는 정리컨설턴트 K는 주방 정리에 실력이 독보적이다. 이미 1,000건이 넘는 주방을 정리해왔으니, 그녀라면 세상에 정리하지 못할 주방이 없을 것이라는 농담을 할 정도다. 그런데 그런 그녀에게도 쓸쓸한 실패의 기억이 있다. 바로 K가 컨설팅 초창기에 겪었던 한 사건 때문인데, 결과적으로는 지금 그녀의 실력에 중요한 밑거름이 된 일이다.

K가 어느 날 서울 청담동 고급 빌라에 사는 고객의 집을 방문했다. 주방 정리를 하던 중 처음 보는 그릇이 있었는데 고객이 그릇 브랜드로 그것을 지칭하자 알아듣지 못했던 것이다. 고객이 "요새 엄청 유행하는 제품인데 그것도 몰라요?"라고 핀잔을 했고, 결국 그녀는 그날 밤 집에 돌아와 밤새 주방용품 사이트를 뒤지며 제품 브랜드와 특징을 공부했다. 정리의 본질은 아니었지만, 그래도 자신이 매번 정리하는 물건의 이름도 몰랐다는 사실에 무척이나 속상했기 때문이리라. 그 뒤로 그녀는 시간이 날 때마다 백화점에 주방용품 매장을 찾아 새로 나온 제품이나 브랜드, 유행하는 제품을 공부했다. 지금 그녀가 누가 뭐래도 '주방 정리의 달인'이된 것은 이런 노력과 들인 시간 때문일 것이다.

역시 함께 일하는 정리컨설턴트 P는 자신이 옷을 개는 것이 익숙하지 않고 손이 느려서 함께 작업하는 동료에게 피해가 간다는 것을 깨달았다. 그날부터 그녀는 집에 있는 옷들을 다 꺼내어 옷 개는 훈련을 수없이 거듭했다. 지금은 옷을 개는 일에서 누구에게도 뒤쳐지지 않을 만큼의 실력을 갖추었고 그동안의 피나는 연습의 성과에 우리 모두가 놀랐다.

내 친구 J와 방금 언급한 두 명의 정리컨설턴트가 주는 교훈은 명확하다. 그들은 꾸준하고 반복적인 노력을 통해 자신의 실력을 향상시켜 나갔다. 사실 내가 강조하고 싶은 점은, 두 컨설턴트가 자신의 부족함을 채워나가기 위해 노력하는 과정에서 자연스럽게 정리의 의미를 익혀 나갔다는 점이다. 정리는 사물과 시간, 관계의 모순을 풀어내고 각자의 질서를 정립해가는 과정임을. 두 사람은 단순한 행위 속에서 정리의 참 의미를 익히게 되었고 누구보다 훌륭한 정리컨설턴트로 성장할 수 있었다.

어느 날 정리 교육을 마치고 강연장을 나서는데 한 청중이 질문을 했다. 자신도 정리하는 일이 흥미가 있어 인터넷을 검색하다가 수십 개의 바구니를 활용해 정리하는 사례를 보았다며, 정리를 잘하기 위해서는 어떤 바구니를 사용하는 것이 중요한지 물었다. 그래서 나는 이렇게 대답했다.

"정리를 못하는 사람일수록 바구니를 많이 사용합니다. 가장 잘 된 정리는 바구니나 수납박스가 필요 없는, 수납이 필요 없는 상태라고 생각하고요. 그러니 수납용품이 어떤 것인지보다 선생님께 꼭 필요한 물건만 남기는 시간을 더 가져보세요."

정리 서비스를 받는 고객의 집을 방문해보면 정리와 수납에 관한 책을 여러 권 볼 수 있다. 혼자 정리하기 위한 노력의 흔적은 책뿐 아니라 구비되어 있는 여러 수납용품에서도 쉽게 발견된다.

그러나 이것은 본질적인 의미의 정리에는 도달하지 못한 것이다. 그런 도구들에 의존해선 아무리 열심히 수납을 해낸들 얼마 가지 못해 다시 엉망으로 쌓여 있는 물건 더미와 마주하게 된다.

정리를 익힌다는 것은 새로운 삶의 형태를 익히는 일이다. 정리의 의미는 단순히 물건을 잘 수납하는 것을 넘어서서 불필요한 수납을 필요로 하지 않는 상태를 말한다. 이러한 상태를 지향하는 과정이 자연스러운 습관으로 체화되어야 개인의 삶도 정리될 수 있다. 당연히 시간도 많이 필요하고 불편한 인내의 시절 또한 감내해야 한다. 마치 친구 J가 기타 코드를 그토록 열심히 익혔던 것처럼 말이다.

# 정리는 의식이다

최근에는 직장인을 대상으로 한 사무 공간 정리 강의를 가장 많이 다닌다. 어떤 기업은 매년 초에 전 직원이 강의를 듣고 다 같이 대대적인 사무실 정리정돈에 나서기도 하고, 특강 후 사내 캠페인으로 사무 환경을 개선하기 위해 정리 전·후 사진을 심사하여 개인, 팀별로 시상하기도 한다. 이렇게 기업이 정리에 관심을 두는 까닭은 아마도 직원들이 정리 습관을 기르고 사무 환경이 깔끔해지면, 그것이 업무 성과로도 자연스레 이어지지 않을까 하는 기대 때문이리라.

여러 기업을 다니다 보니 인상적인 회사들도 있다. 대표적인 예가 오케이아웃도어닷컴이라는 아웃도어 전문 쇼핑몰이다. 지금까지 내가 가본 기업 중에 가장 정리정돈이 잘 되어 있는 회사였기 때문이다(그래서 《하루 15분 정리의 힘》에 기업 사례로 소개했다).

약속대로 회사에 도착해 직원의 안내를 받아 회의실에 들어갔는데, 회의 테이블이 놓인 '타이머'와 '회의 규정' 푯말을 보며 '아, 이 회사 뭔가 다르다'는 생각을 했다. 게다가 사무실에는 이상하게 빈자리가 눈에 많이 띄어, 회사 규모에 비해 직원 수가 적다고 생각했다. 그런데 자세히 보니 빈자리가 아니라 모두 자리 주인이 있었다! 책상 위에 아무것도 없다고 생각했을 정도로 깔끔하게 정리되어 있던 것이다. 심지어는 전선 정리도 말끔했고 벽면 스위치에 모두 라벨링이 되어 있었다. 탕비실에 비치된 커피머신이나 냉장고 등의 가전제품에는 모두 사용 매뉴얼이 비치되어 있었다.

오케이아웃도어닷컴의 장성덕 대표는 항상 '모든 것의 시작은 정리다'라고 말할 정도로 정리를 가장 중요한 원칙으로 여기며, 직원들이 스스로 정리를 할 수 있는 기업 문화를 정착시킨 사람이다. 회사에 새로운 비품이 생기면 매뉴얼을 작성하여 처음 만져보는 사람도 깨끗이 사용하고 유지하게 하며, 물류센터는 누구라도 상품을 쉽게 찾을 수 있게 정리되어 있어 재고 정확도 99퍼센트 이상을 유지한다. 그는 "정리가 누구나 스트레스 없이 즐겁게 일할 수 있게 하는 힘"이라고 말했다(오케이아웃도어닷컴을 방문했던 때로부터 벌써 5년이 지났다. 현재 회사는 온라인 시장으로 진출해서 오케이몰이란 브랜드로 사업을 확장했고 연평균 11퍼센트의 영업이익률을 낼 정도로 승승장구하고 있다).


무언가 일을 시작하려고 책상에 앉으면 희한하게 정리를 하고 싶어진다. 물론 정리만 한 시간씩 하고 일은 시작도 못하는 일도 있다. 그런데 왜 공부나 일을 시작하기 전에 꼭 지저분한 서류더미가 거슬리고, 그동안 방치했던 잡동사니들을 정리하고 싶은 욕구가 생기는 걸까? 미국의 심리학자 바버라 프레드릭슨은 "기분 좋은 감정이 창의력, 사고력, 판단력 등에 좋은 영향을 미치고, 스트레스처럼 부정적인 감정은 인식을 협소화시킨다"고 말했다. 대부분 깨끗하고 가지런하게 정돈된 책상은 상쾌하고 좋은 감정이 들게 하며, 무슨 일이든 의욕적으로 시작하게 만든다. 반대로 새로운 일을 시작하려고 하는데 책상 위에 잡동사니가 가득하고, 미팅 때 챙긴 명함을 찾을 수가 없어서 가방과 책상을 모두 뒤집어야한다면, 의욕도 나지 않을뿐더러 능률도 떨어질 것이다.

한번은 SNS에서 재미난 영상을 본 적이 있다. '직장인의 하루'라는 제목의 영상이었다. 7시 반 알람이 울리자 한 남성이 소리를 지르면서 일어난다. 그리고 세수를 하고, 밥을 먹고, 버스를 타고, 회사에서 일을 하고, 침대에서 다시 쓰러지는 일련의 과정을 7초라는 짧은 시간동안 보여준다. 그런데 재미난 것은 남성의 뒷배경은 계속해서 바뀌는데, 주인공 남성은 시종일관 소리를 지르고 있다는 것이다. 숨 가쁘게 몰아치듯 정신없이 돌아가는 하루를 잘 표현한 영상이었다. 매일 정신없이 보내려니 비명을 지를 수밖에 없고, 이런 날이 계속될수록 스스로 소진되어 '번아웃(Burn out)' 상태가 되어버리는 것이다. 결국 업무 능률은 바닥이 될 수밖에 없다.

그래서 일을 할 때도 정리는 중요하다. 나는 직장인 시절에 항상 업무 시작 전 책상을 정리하고 물티슈로 닦는 것이 습관이었다. 책상을 깨끗하게 하는 일이기도 했지만, 업무와 업무 사이를 맺고 끊으며, 이완하면서 다음을 준비하는 것이 휴식과도 같았기 때문이다. 업무와 업무 사이, 할 일과 할 일 사이에 한숨 돌린다는 마음으로 정리를 하면 기분도 리프레쉬되어서 다음 업무를 더 즐겁게 시작할 수 있었다. 나중에 책 《몸과 영혼의 에너지 발전소(The Power of Full Engagement)》를 읽으면서 그것이 일종의 의식(ritual)이라는 것을 알게 되었다.

이 책의 저자이자 행동심리학자인 짐 로허는 세계 톱 랭킹의 프로 테니스 선수들과 나머지 선수들의 차이점에 대한 흥미로운 연구를 했다. 그에 의하면 톱 랭킹 선수들에게는 경기 포인트와 포인트 사이에 어깨를 추스르거나, 숨을 고르거나 혼잣말을 하는 등의 독특한 습관들이 있었다. 신기하게도 이런 행동을 할 때마다 선수들의 심박수가 전보다 분당 20회 정도 떨어졌다. 경기 중에 하는 이 독특한 행동이 스트레스와 긴장에서 벗어나 에너지를 재충전하여 다음 포인트를 준비하게 해주는 것이었다. 나에게는 정리가 그런 역할을 하는 의식이었던 셈이다.

정리를 한다는 것은 낭비를 줄이고 스트레스 받을 일을 줄여주는 일인 동시에, 긴장에서 벗어나게 하는 일이기도 하다. 불필요한 서류를 버리면서 복잡했던 머릿속이 가벼워지고, 문구들을 가지런히 정돈하면서 마음을 가다듬을 수 있다. 그러다 보면 일을 대하는 마음가짐도 더 즐거워진다. 앞서 언급했던 오케이아웃도 어닷컴의 성공은 어쩌면 그러한 긍정적 시너지의 결과가 아닐까.

오늘 당신에게 정리는 어떤 의미가 있을까. 정리로 성공을 이룬 사람들을 보며 당신에게도 어떤 마음의 변화가 생겼을지 궁금해진다. 조금이라도 마음속에 정리에 대한 일렁임이 있다면 이제 구체적인 방법들을 조금 더 설명해보려 한다.

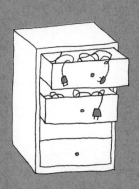

쌓기만 했던 시간만큼
내보내는 데에도 시간이 필요하다.
물건이 들어오는 것보다
나가는 것이 많은 날이 늘어날수록
여유가 생기기를 바랄 뿐이다.
서랍 한 칸을 정리할 수 있으면
삶도 정리할 수 있다는 믿음은
나를 배신하지 않을 것이다.

# Part 3.
## 꼭 필요한 것들로만 인생을 채우는 방법

차라리 정리를 시작하지 말 걸 그랬어,

후회하는 이가 있다.

버릴 물건을 찾기 위해

온 집안에 물건들을 꺼내놓다 보니

감당할 수 없는 광경에 놀라서.


정리에도 준비가 필요하다.

의욕만 가지고 다짜고짜 미니멀라이프를 시도해도

금방 원상태로 돌아오기 일쑤.

우리에겐 어떤 준비가 필요한 걸까?

내 인생에 어울리는 정리 방법,

어디 숨어 있을까?

# 좋은 물건은 떠나야 할 때를 안다

앞에서 언급한 것처럼, 한때 나는 출판사에서 일했다. 게다가 기본적으로 책을 좋아했다. 그러다 보니 회사에서 출간한 모든 책들, 그러니까 그 많은 단행본과 10년 넘게 발행된 월간지를 창간호부터 빼놓지 않고 집에 보관했다. 여기에 거래처 서점에 들를 때마다 한 주에 한두 권 사 모은 책들이 우리 집 벽면 책장을 가득 채우고도 모자라 바닥까지 점령하게 되었다. 책 좀 읽는다는 사람들이 쉽게 상상할 만한 바로 그런 상황이었다. 안 그래도 좁던 방은 더욱 비좁아졌고, 종이 먼지 때문인지 심한 비염까지 얻게 되었다. 결국 나는 책을 정리하기로 마음먹었다.

처음에는 매일 책장에서 한 권 이상 버릴 책을 고르기로 했다. 그날 만나기로 한 사람에게 필요할 법한 책을 골라 선물로 주기도 하고, 그랬는데도 집에 가기 전까지 줄 사람을 만나지 못하면 가차 없이 폐지함에 버렸다. 처음 일주일 정도는 어렵지 않게 한 권씩 선물로 주거나 버릴 수 있었다. 그러나 시간이 지날수록 버릴 책을 고르는 일은 점점 어려워졌다. 그렇게 여러 날을 고민하다 보니 얼마 전까지는 버리지 않기로 했던 책이 며칠 만에는 버릴 책으로 둔갑하기 시작했다. '사람의 마음은 참 갈대 같구나'라는 생각과 함께 씁쓸한 감정이 밀려왔다.

작가 은유는 책《싸울 때마다 투명해진다》에서 물건과의 이별과 사람과의 이별이 지닌 공통점을 놀라운 통찰력으로 바라본다. 모두가 알듯이 만물은 유전(流轉)한다. 예전에 내 몸에 꼭 맞고, 맵시 있던 청바지라도 매해 시간이 지날수록 변한다. 당신의 허리둘레가 0.5센티미터씩 늘고, 청바지도 조금씩 닳아져가며, 한때는 트렌디했던 디자인이 촌스러운 것이 된다. 결국 우리는 버리기로 마음먹는다. 청바지의 입장에서는 옷장 안에 잘 보관되어 있다가 어느 날 갑작스럽게 내쳐지는 것이지만, 우리 각자에겐 청바지를 버려야겠다는 '판단의 시점'이 온 것뿐이지 갑작스러운 변심은 아니다. 그렇지 않은가. 이별이란 갑작스럽게 찾아오는 것 같지만 사실 우리도, 물건도 조금씩 달라져가고 있다.

오랜만에 꺼내본 그 물건과 갑작스럽게 이별을 해야 한다는 것, 버려진다는 것은 분명 슬픈 일이지만 그 모든 것들이 갑자기 찾아온 변화는 아니다. 내 책장을 생각해봐도, 그 많은 책을 책장에 꽂아두었던 십 수년이라는 시간 동안 내 직업도, 관심사도, 생활도, 심지어 가치관도 바뀌어 있었다. 변화는 아주 천천히 그리고 서서히, 어쩌면 동시다발 혹은 순차적으로 일어난 것이다. 아주 천천히 그 물건을 필요로 하지 않게 변하고 있음을 모르고 있던 것 뿐이다.

중국 당대 최고의 시인으로서 시성(詩聖)이라 불렸던 두보의 대표적인 시 가운데 〈춘야희우(春夜喜雨)〉라는 시가 있다.

> 좋은 비는 그 내릴 시절을 알고 있나니(好雨知時節)
>
> 봄이 되면 내려서 만물을 소생하게 하는구나(當春乃發生)
>
> 비는 바람 따라 살며시 밤에 내리나니(隨風潛入夜)
>
> 사물을 적시거늘 가늘어서 소리가 없도다(潤物細無聲)
>
> 들길은 낮게 드리운 구름과 함께 캄캄하고(野徑雲俱黑)
>
> 강 위에 떠 있는 배의 고기잡이 불만 밝게 보인다(江船火燭明)
>
> 날 밝으면 붉게 비에 젖어 있는 곳을 보게 되리니(曉看紅濕處)
>
> 금성관에 만발한 꽃들도 함초롬히 비에 젖어 있으리라(花重錦官城)

당시 두보는 몸소 농사를 지으면서 그의 생애에서 가장 여유로운 전원적인 삶을 누리고 있었다. 〈춘야희우〉는 겨우내 가뭄으로 근심하던 그가 반가운 봄비를 마주하자, 비 내리는 봄날 밤의 정경과 함께 느낀 희망을 섬세하게 묘사한 시다. 특히 이 시의 첫 구절인 '호우지시절'이 유명하다(영화 〈8월의 크리스마스〉로 유명한 허진

호 감독이 〈호우시절〉이라는 제목의 영화를 만들기도 했다). 직역하면 '내릴 시기를 아는 좋은 비'라는 뜻이지만 '적당한 때가 되어 만나는 인연'이라는 뜻으로 널리 쓰인다. 자연 속에서 느낀 새로운 감동과 인간의 심리, 만물의 법칙을 일깨우는 시를 즐겨 쓴 두보이기에 지어낼 수 있던 시구일 것이다.

그런데 '호우지시절'처럼 사람이 만나서 인연을 맺기 좋은 때가 있듯이, 이별에도 좋은 때가 있다. 그리고 사람뿐만이 아니라 물건과의 이별에도 좋은 때가 있다. 때를 알고 내리는 봄비가 세상을 아름답게 만드는 것처럼, 집안에서 떠나보내야 할 물건들을 때를 알고 정리할 때, 그 경험은 참으로 아름답다. 두보의 시에 빗대어 본다면 이와 같지 않을까.

좋은 물건은 떠날 시기를 알고 있나니
때가 되면 필요한 이에게 자원으로 돌아가
새 생명을 얻고 다시 쓸모 있게 되는구나.
정리되고 난 뒤 집안에는 여유가 흘러넘치고,
가족들은 편안함과 화목함으로 가득하며,
일상의 작은 행복감을 맛보게 되도다!

자! 이제 당신의 주변을 둘러보자. '떠날 시기를 아는 좋은 물

건'들이 이별 준비를 마쳤다. 미처 그 시기를 눈치 채지 못한, 결심

하지 않고 판단을 미루어둔 당신에게 그 운명이 달려 있을 뿐이다.

# 이미 있는 것을 널리 이롭게 쓰기를

강의하러 가는 길, 지하철 스크린도어에서 인상적인 광고를 발견했다. 나눔과 기부로 유명한 '아름다운가게'의 광고였다. 주는 손에 들려 있는 물건의 반은 오래되고 낡은 모습이지만, 받는 손에 가까워지는 나머지 반쪽은 황금빛으로 빛나고 있었다. 카피도 멋졌다.

**두면 고물.**
**주면 보물.**

아름다운가게는 사용하지 않는 물건들을 기증받아 알뜰한 가격으로 재판매하고, 그 수익금을 주변의 소외된 이웃을 위해 사용한다. 그날 내가 본 광고는 국내 대표적인 NGO 아름다운가게가 실현하는 가치를 단번에 보여주는 듯했다.

좋은 물건은 떠날 시기를 안다, 그러니 때가 되면 이별하라. 이렇게 말했지만 사실 버린다는 일이 늘 기쁜 일만은 아니다. 한

때 모든 물건은 소중한 것이었고, 어느 물건 하나 사람의 땀이 깃들지 않은 것이 없다. 나도 잘 알고 있다. 출판사를 다니던 시절, 매달 반품되거나 출고되지 못한 잡지들을 처분하는 날이면 나도 괜히 하루 종일 기분이 쳐졌다. 책을 만들기 위해 쓰인 나무며, 좋은 콘텐츠를 위해 애쓴 작가, 기자, 편집자, 서점 직원 들의 노력이 그야말로 '아까웠기' 때문이다(여담이지만 잡지를 내 손으로 버리며 훗날 사업을 하게 되더라도 재고를 폐기하는 일이 생기는 일은 절대로 하지 않겠다고 마음먹었다. 결국 재고를 폐기하는 일이 '생기지 않도록' 하는 일을 하고 있다).

많은 이들이 사놓고 방치된 물건을 보면서 '아, 저거 언제 써야 하는데'라고 생각한다. 그러나 방치된 채 사용하지 않는 물건이 있다는 것은 그 물건의 주인이 그 물건을 쓸 일도, 시간도 없음을 뜻한다. 그럴 때 가장 좋은 방법은 그 물건을 잘 쓸 수 있는 사람에게, 필요한 사람에게 주는 것이다. 분명 그 물건에 더 잘 맞는 취향, 성격, 상황을 가진 사람이 있다. 내가 쓰려면 따로 시간을 내야 하는데, 어떤 사람은 그 물건으로 인해 자신의 소중한 시간을 절약할 수 있다. 내가 그 옷을 입으려면 5년에 한 번 있을까 말까한 이벤트를 기다려야 하지만, 이 옷을 일상복처럼 입어야 하는 사람도 어딘가에는 있다. 아름다운가게의 광고 카피처럼 내 집에 두면 고물인데, 다른 집에 가면 보물이 된다는 것이다.

정리를 다 마치고 고객의 집을 나서려는데, 안 쓰는 물건을 그냥 버리는 것이 아까웠는지 '이거 컨설턴트들에게 나눠주겠다'며 선심 쓰시는 분들이 있다. 이럴 때 컨설턴트들은 참 난감하다. 집에 이미 갖추고 있는 물건이거나 우리에게도 역시 필요 없는 물건이니 말이다. 그래도 혹여나 우리가 가져가겠다고 하지 않으면 기껏 깨끗이 정리한 집에 안 버리고 쌓아두고 사실까봐 "잘 쓰겠습니다"하고 챙겨온다. 그리고 아름다운가게나 기타 후원단체에 기부를 한다.

공짜 싫어하는 사람이 어디 있느냐고들 한다. 하지만 집에 쓰지 않는 물건이 없길 바라는 사람들도 있다. 정리를 직업으로 삼은 사람들은 말할 것도 없다. 공짜라고 다 좋아할 일이 아니다. 나는 더 많은 이들이 필요하지 않은 공짜에 욕심을 버렸으면 좋겠다. 만일 당신이 미니멀라이프를 꿈꾸는 이라면 더욱 그렇다. 쓸일이 없는 것들이 집안에 방치될 것이 뻔하다.

그래서 의도치 않게 살면서 거절할 일도 참 많아졌다. 일회용 비닐봉투, 전단지, 쿠폰, 세탁소 비닐과 옷걸이, 사은품 등 어딜 가서 무얼 하든 필요 없는 것들이 생겨난다. 그럴 때마다 "사장님, 안 주셔도 돼요" 한다. 이런 것들이 집에 쌓이면 집이 지저분해지고, 나중에 분리수거하고 버리는 것도 일이 되기에, 사장님들의 마음은 고맙지만 공짜 물건 받는 일이 그리 달갑지 않다. 사실 사업이든 영업이든, 장사하는 사람에게는 사은품도, 봉투도, 전단지도 모두 돈인지라 이렇게 사양하면 고마워한다. 그럴 때는 어쩐지 겸연쩍다.

교육생들에게 정리를 설명할 때 쓰는 말 중에서 '적재적소'라는 말을 좋아한다. 물건은 필요한 사람에게 필요한 상황에 잘 쓸 수 있도록 두고, 각자의 재능과 장점에 따라 자신의 능력을 최대한 발휘할 수 있는 일을 해야 한다고 믿는다. 어쩌면 출판사에서 기업 교육회사로 옮겨, 다시 정리컨설턴트가 된 내 삶도 그럴 것이다.

정리컨설팅은 물건을 다루는 일이지만 기본적으로는 사람을 상대하기에, 사람을 대하는 일이다. 물건의 질서를 바꾸는 일로 결국 그 물건을 쓰는 이의 습관과 삶을 변화시킨다. 세상의 모든 물건이 꼭 필요한 곳에서 널리 이롭게 쓰이길, 그리하여 모든 이들이 스스로 원하는 바를 이루어나가길 진심으로 바란다.

# 안 쓰는 물건에 대한 비용

정리 교육을 할 때 반드시 한 번쯤 해보게 하는 활동이 있다. 이름하여 '압류 게임'이다. 빨간색 포스트잇과 네임펜을 들고 자기 집 구석구석을 다니면서 평소 사용하지 않는 물건에 압류 집행인이 된 것처럼 압류 스티커를 붙여보는 활동이다. 스티커에는 본인이 생각하는 해당 물건의 가치를 책정해서 금액(물론 중고가격이다)을 적는다. 마치 〈TV쇼 진품명품〉에서 감정을 원하는 의뢰인이 예상 감정가를 스스로 책정하는 것처럼 말이다. 그런 다음에는 압류 스티커에 적힌 금액들을 모두 더해본다. 만약 이 물건들을 압류 스티커에 적힌 가격으로 판매한다면 그만큼의 가치를 되돌려 받을 수 있을 것이다. 그러지 않고 현재처럼 그냥 묵혀둔다면 각자 그만큼의 돈을 낭비하고 있다는 결론에 다다른다. 본인이 그 금액을 확인하고 나면 정리에 대한 의욕이 한층 고취된다. 그런데 우리가 꼭 그만큼의 돈만 낭비하고 있는 것일까?

요즘은 계절용품처럼 항상 쓰는 물건이 아니거나 온도나 습도 등 보관 환경이 중요한 물건들을 맡아주는 물품보관업체가 많아졌다. 물품보관업체에서 제공하는 규격 박스를 이용한다고 했을 때, 책으로는 약 80권, 신발로는 약 25켤레, 접어서 보관되는 얇은 옷이라면 50벌 정도를 보관하는데 한 박스 당 6개월에 3만 원 정도의 비용을 지불하면 된다. 그런데 사람들에게 물건들을 보관하기 위해 월 5,000원 정도를 지불할 의사가 있냐고 물어보면 대부분은 그런 데 돈 쓰는 게 아깝다고 한다. 과연 집에 보관하는 것은 아깝지 않은 일일까?

2017년을 기준으로, 서울의 아파트 가격은 평균 평당 2,000만 원 선을 훌쩍 넘었다. 월세는 서울 시내 평균으로 평당 7만 5,000원 선이다. 만일 (정리 안 된 대부분의 아파트에 있는) 짐으로 가득한 창고 방을 약 2.5평이라고 한다면, 그는 물건 보관비용으로 5,000만 원, 혹은 매달 약 19만 원의 비용을 쓰고 있는 셈이라는 계산이 나온다. 물건을 버리고, 평수를 줄인다면 그 차액만큼, 혹은 그만큼은 안 되더라도 다른 곳에 투자해서 이자를 벌 수 있는 금액이다. 자, 어떤가. 이렇게 생각해보면 우리는 안 쓰는 물건을 갖고 있는 것만으로도 많은 비용과 공간을 낭비하고 있는 것이다.

얼마 전 정리력 카페에 재미있는 게시물이 하나 올라왔다. 안 쓰는 옷과 책, 가방들을 정리하고 중고로 판매하기 위해 거실에 모아놓은 사진이었다. 50리터짜리 비닐봉투 아홉 개와 큰 박스가 20평대 아파트의 거실을 가득 채웠다. 이 글을 쓴 카페 회원이 "이 정도면 얼마나 벌 수 있을까요?"라고 질문했다. 댓글을 쓴 대부분의 회원들이 20~30만 원대를 예상했다. 그런데 결과는 어땠을까? 단돈 2만 8,000원. 실망스러운 금액이었다. 개별 품목별로 그 가치에 따라 판매한 것이 아니라, 킬로그램당 옷은 200원, 책은 20원을 쳐서 가져가는 재활용 업체에서 책정한 금액이었다. 물론 게시물을 올린 회원에게도 아쉬운 결과였을 테다. 그런데 이에 대해 한 회원이 이렇게 댓글을 남겼다.

"집 평수가 10평은 넓어지셨으니 대체 얼마를 버신 거예요!"

그렇다. 전혀 실망할 필요가 없는 일이었다. 앞서 말했듯이 보관 비용과 평당 집값을 생각하면 말이다.

가끔 이런 질문을 던지는 이들도 있다. 애초에 집이 넓으면 정리도 수월하고 훨씬 깔끔하게 살 수 있지 않겠냐고 말이다. 그럼 과연 몇 평 정도의 집에서 살아야 정리된 공간에서 살 수 있을까? 많은 사람들이 각자가 상상할 수 있는 가장 큰 평형을 말한다. 50평도 있고, 많게는 70~80평이라고 대답한다.

정리컨설턴트로서 원룸부터 80평 이상의 대형 평수까지 다양한 규모의 집들을 다녀봤다. 그 경험을 바탕으로 대답하자면, 정리에는 '평형'이 의미가 없다는 것이다. 고르고 비우고 남기면 작은 평수라도 말끔한 공간이 된다. 쓸데없는 물건을 밀어 넣던 창고방을 없애고 거실에 여유 공간을 만들고 베란다를 비우기만 해도 충분히 공간이 넓어진다. 정리할 줄 모르면서 안 쓰는 물건 그대로 들고 70~80평으로 이사를 갔봤자 작은 평수에 있을 때와 다를 바 없다. 창고방만 더 커질 테니 말이다. 당연히 안 쓰는 물건에 대한 비용도 더 늘어난다.

여러분도 한번 해보면 괜찮은 경험이 될 것이다. 빨간 포스트잇과 펜을 들고 자신의 집 안에 있는, 사용하지 않는 물건의 가치를 매겨보는 게임 말이다. 내가 끌어안고 사는 물건의 가치를 환산해보는 것만으로도 정리를 시작해야 함을 절감할 것이다. 무엇보다 그것으로 돈과 공간의 낭비를 줄일 수 있다.

# 버릴 때는 미련 없이

2015년 내가 쓴 책《부자가 되는 정리의 힘》을 읽고, 책에서 말한 '남길 것을 고른다'는 방법으로 버리기를 실천했다는 어느 독자의 리뷰를 읽은 적이 있다. 실제로 그렇게 해봤더니 집에 있는 것 중 약 절반 정도의 물건을 버릴 수 있었다고 했다. 그런데 옷을 버리면서 약간 억울한 생각이 들었다는 것이었다. 버리기로 한 것 중에는 몇 번 입지 못한 값비싼 옷들도 있었는데 그 비싼 옷들은 버리는 옷이 되는 반면, 자신은 그 순간에도 계속 후줄근한 옷을 입고 있었다는 사실 때문이었다.

'이렇게 비싼 옷도 안 입으면 결국에는 버리는데, 집에서 후줄근한 옷을 입을 필요가 있을까?'

그날 그녀는 값비싼 옷을 버리는 대신 집에서라도 열심히 입기로 결심했다. 그랬더니 퇴근한 남편은 평소와 다르게 차려입은 그녀의 모습을 보며 '예쁘다'며 감탄하기도 하고, 다음 날엔 '빨리 보고 싶어서 퇴근도 빨리 했다'는 말을 하기도 했다. 마치 신혼 초로 돌아간 것처럼 말이다.

하지만 그렇게 생명이 연장된 예쁜 옷들은 오래지 않아 다시 누군가에게 주거나 버려질 운명에 처했다. 처음에는 버리지 않길 잘했다는 생각을 할 만큼 듣기 좋았던 남편의 칭찬과 스스로의 만족감도 오래 가지 않았다. 대신 그 옷을 입기 위한 번거로움과 불편함은 시간이 지나면 지날수록 분명해졌다. 옷의 소재나 디자인 때문에 움직이기가 불편했고, 무엇보다 집에서도 예쁜 옷을 입으려면 그에 어울리게 화장도 하고, 헤어스타일도 갖춰야 빛이 나는 법이었다.

　게다가 사실 이 옷들은 그녀가 직접 산 옷이 아니었다. 위로 두 명이나 있는 언니들이 주거나 사준 것들이었다. 언니들은 전문직에 종사하면서 옷에 대한 욕심이 매우 많았고, 자매들이 모일 때면 함께 밥 먹고 쇼핑하는 것을 즐겼다. 그럴 때마다 언니들은 밋밋하고 편한 스타일을 좋아하는 그녀에게 자신들이 입는 정장 스타일의 옷을 입혀보고, 선물을 해주곤 했다. 언니들이 준 옷이기도 하고, 값이 꽤 비싸고 자신이 보기에도 버리기 아까울 정도로 예쁜 옷이었지만 결국 그녀는 미련 없이 버리기로 마음먹었다.

　대부분의 정리 관련 서적에서 "버리기가 정리의 시작이자 기본"이라고 말한다. 물론 틀린 말이 아니다. 그러나 버리기에 앞서, 나는 '제대로 써보기'가 먼저라고 생각한다. 그래서 우리는 고객의 집에 가서 정리를 할 때, 특히 버리기를 한참 망설이는 물건들이 있다면 우선은 따로 모아 더 자주 쓸 수 있는 곳에, 이왕이면 눈에 잘 띄는 곳에 비치해둔다. 그리고 덧붙인다. "지금부터 열심히 써보시고, 그래도 쓰지 않는다면 과감하게 처분하시라"고 말이다. 충분히 노력했음에도 불구하고, 내가 사용할 수 있는 여건이 안 되고, 걸림돌이 많다는 사실을 스스로 깨닫게 되면 미련 없이 버릴 수 있게 되기 때문이다.

　정리는 자신과 물건의 관계를 다시 설정하는 것이다. 그것은 물건의 자리를 정하고, 물건이 필요한 일을 정하고, 물건을 쓸 시간을 정하는 것이다. 만일 당신의 집에 고가의 러닝머신이 방치되어 있다면 이유는 간단하다. 물건은 존재하나 그것을 활용하여 '운동'을 하지 않고, 그를 위한 시간도 내지 않기 때문이다. 우리는 사람뿐만 아니라 물건과도 관계를 맺으면서 살아간다. 그것이 무언가를 소비하는 인간의 숙명이다. 정리가 인간의 숙명에 관여하는 지점이다.

# 문제는 '큰 물건'이다

언젠가 '인생, 정리가 필요해'라는 주제로 어느 TV 교양프로그램에 출연한 적이 있었다. 각계각층의 지식인과 유명 인사들이 패널로 나와서 인생과 정리에 대해 다양한 주제로 이야기하는 토크쇼였다.

한 출연자가 우스갯소리로 '가구와 남편의 공통점이 있다'고 말했다. 첫째, 둘 다 말이 없다. 둘째, 세월과 더불어 낡고 매력이 없어진다. 셋째, 한 번 들여놓으면 꼼짝도 안한다. 넷째, 때때로 거추장스럽다. 다섯째, 버리기도 힘들다. 방청객이었던 주부들은 그의 농담에 박장대소했다. 물론 그렇지 않은 남편들도 세상에는 많겠지만, 가구의 경우는 대부분 공감할 것이다.

정리력 카페에는 종종 가구나 가전제품 버리기에 대해 어려움을 호소하는 글이 올라온다. 자잘한 물건이야 쓰레기봉투에 버리면 그만이지만 주로 '큰 물건'을 버리거나 처분하는 일이 쉽지 않아서다. 대부분 비싸게 구매한 것들인데 사용하지 않으면 그것처럼 보기 싫은 '짐짝'이 따로 없다. 3년 전 거금을 들여 장만한 러

닝머신이 거실 한쪽에 거대한 옷걸이로 전락해 방치되었다는 사람도 있고, 10년 동안 피아노가 책장으로 사용되고 있다는 사람도 있다. 그런데 그게 무엇이든 비우겠다는 결심이 힘들게 섰는데, 그것도 마음대로 안 된다는 것이다.

비싸게 주고 장만한 것들이라 중고로 팔고 싶은데 아무도 관심을 가져주지 않는단다. 지역 내 중고 가전가구 매입 업체에 수거 신청을 하면 산 가격의 5~10퍼센트도 안 되는 금액을 쳐주어서 허탈하게 처분하기도 하고, 심지어는 매입 가치가 없다며 거절당했다가 사정사정해서 그나마 다른 가구를 판 돈에서 수거 비용을 제하기로 하고 겨우 처분했다는 씁쓸한 후기도 있었다.

한번은 카페에 텅 빈 수납장 사진이 올라왔다. 물건 정리를 하려고 수납장을 구입했는데, 정리를 하고 보니 수납장이 필요가 없어졌다는 것이었다. 그래서 처분하려고 보니, 누군가 주려면 용달을 불러야 하는데 그 비용이 더 많이 나갈 거 같았다. 그냥 버리려고 해도 혼자 힘으론 들 수조차 없어서 빈 수납장이 그냥 집에 덩그러니 놓여 있다는 사연이었다. 이러니 수납장 사기 전에 안 쓰는 물건 정리부터 하라는 말에 많은 분들이 공감했다.

사실 제대로 값을 받는 중고 거래를 하려면 이왕이면 처음 제품을 샀을 때의 포장박스, 사용설명서, 부속품이 다 있어야 한다. 그런데 그걸 생각해 박스 등을 다 짊어지고 살자니 베란다 창고나

방 하나가 창고가 된다. 친구 중에 자칭 '중고 거래의 달인'이 있어 중고 판매 초보자들에게 조언해줄 팁을 알려 달라고 했더니, "팔려는 물건을 최대한 빨리 파는 게 가장 좋은 가격을 받는 방법"이라고 조언했다. 살 때부터 팔 일을 걱정해야 한다는 소리다.

유명한 인터넷 중고 카페 등에서 물건을 팔아보면 깨닫게 되는 것이 있다. 내가 원하는 가격으로는 팔기 어렵다는 사실 말이다. 똑같거나 비슷한 물건이 이미 중고 시장에 너무도 많다. 그럼 그들보다 싸게 팔거나 배송을 해줘야 한다. 이 모든 게 가능하더라도 1초에도 중고 매물이 수십 개씩 올라오다 보니, 계속 노출될 수 있게 꾸준히 올려줘야 한다. 심지어 더 깎아달라는 '제안'에도 얼추 맞춰줘야 한다.

그러니 가장 큰 깨달음은 바로 이것이다. 정리력 카페에도 물건을 내놓으면서 비슷한 경험을 했던 수많은 회원들이 입을 모아 하는 말이다.

"버리는 게 이렇게 힘든 줄 알았다면, 아마 집안에 들일 때부터 정말 신중했을 거예요."

사람이든 물건이든 함부로 인연을 맺지 말라는 법정스님의 말이 떠오른다.

# 추억의 물건이 발목을 잡을 때

지인이 나를 만나서 이런 저런 이야기를 하다가, 졸업한 지 20년이나 지났는데도 고등학교 교복을 버리지 못하고 있다고 털어놓았다. 내게 이야기를 꺼낸 것을 보니, 교복을 갖고 있어야 할지 말지 확신이 없었던 것 같았다. 그래서 교복을 왜 가지고 있느냐고 물었다. 그러자 그녀는 너무나 당연하다는 듯 "학창시절의 내 소중한 추억이니까"라고 말했다.

나는 그녀에게 '교복을 보면 어떤 소중한 추억이 떠오르는지' 말해달라고 했다(미안하다. 조금 집요했다). 그녀는 잠시 아무 말도 하지 못했다. 곧 '학창 시절'이라는 단어 밖에 떠오르지 않는다고 했다. 나는 이렇게 말했다.

"어쩌면 교복은 막연하게 '추억'이라는 추상적인 느낌만 전하는지도 몰라. 그렇게 옷장 속에 꽁꽁 숨어 있는 교복보다, 학창 시절을 너와 함께한 친구와의 대화나 사진, 또는 〈응답하라 1988〉처럼 그 시절의 향수를 불러일으키는 드라마, 영화나 소설이 진짜 학창 시절의 추억을 떠오르게 하지 않을까?"

그녀가 연신 고개를 끄덕였다. 결국 그녀는 입지도 못하고 20년을 묵힌 교복을 처분했다. 지나간 시간과 관련된 모든 것을 짊어지고 살 수는 없으니, 정리에 나선 우리는 결국 '선택'이란 것을 해야 한다. 특히 감정이 얽힌 물건들을 정리하는 데에 엄정한 기준이라는 게 존재하기는 힘들지만 그래도 조금 더 객관적으로 생각해볼 수는 있을 것이다.

〈마담 프루스트의 비밀 정원(Attila Marcel)〉이라는 영화가 있다. 피아니스트인 주인공 폴은 어릴 때 부모님을 여의고 그 충격으로 말을 잃고 살아간다. 그러던 어느 날, 아파트 엘리베이터가 고장 나면서 폴은 우연히 마담 프루스트의 집에 들어가게 된다. 그리고 그녀가 건네는 차 한 잔과 마들렌 한 조각을 먹고서 부모님과 함께했던 어린 시절을 섬광처럼 생생하게 떠올린다. 자신을 대하는 어머니의 따스한 미소, '자유롭게 키울 것'이라고 했던 말, 그리고 그 옆에서 자상하게 웃고 있던 아버지의 모습까지.

영화에서 재생되는 이미지처럼 추억이란 것은 머릿속으로 생생히 떠올릴 수 있는 삶의 단면 같은 것이 아닐까. 그리고 그런 추억의 순간들을 떠올릴 만한 물건들이야말로 간직할 만한 가치가 있을 것이다. 삶의 강렬함을 주었던 순간, 예를 들어 '첫-'과 같은 순간을 기념하거나 상징하는 물건은 간직할 만하다. 또 삶의 기쁨, 행복, 슬픔을 재구성하고, 재해석할 수 있는 의미 있는 이야기를 담은 소품들도 그렇다.

한번은 유품을 함께 정리해달라는 의뢰를 받은 적이 있었다. 돌아가신 어머니의 집에 들어간 고객은 어떤 물건을 버려야 할지, 어떤 물건을 간직해야 할지 몰라 당황했다. 나는 고객에게 어머니가 평소에 자주 쓰시던 물건, 아이들에게 할머니가 어떤 분이셨는지 말해줄 수 있는 그런 추억의 물건들만 남기자고 했다. 쓸 만한 물건들은 추려서 형제들이 나눠 가지고, 남은 물건들은 버리기로 했다. 그리고 몇 가지 유품들은 작은 상자 하나로 정리되었다. 어머니의 체취가 남아 있는 얇은 가디건, 늘 쓰시던 가계부, 기도할 때 쥐고 계셨던 묵주, 그리고 빨간색 지갑.

이 지갑에는 사연이 있었다. 어느 날 지갑을 잃어버렸다는 어머니께 그가 깜짝 선물을 해드린 것이었는데, 며칠간 속상해하던 어머니께서 지갑을 받으시고서는 무척 좋아하셨다는 것이다. 고객은 20년이나 지난 지금도 어머니가 그 지갑을 간직하고 계셨다는 사실에 매우 놀라기도, 또 뭉클해하기도 했다.

영화에서 마담 프루스트는 말한다. 기억은 잔잔한 수면 아래 숨어 있는 물고기와 같다고. 추억의 물건은 바로 그 기억들을 끄집어낼 수 있는 낚시 바늘이어야 한다. 우리가 건져 올릴 만한 물고기는 무엇일까. 우리는 그것을 먼저 찾아야 한다. 그리고 그것을 건져 올릴 만한 낚시 바늘을 선택해야 한다. 그래야만 우리가 기

억의 잡동사니가 아닌, 반짝반짝 빛나는 보석 같은 추억들을 보석

상자에 담아 오래도록 간직할 수 있을 것이다.

# 비우는 것도 습관이다

정리력 카페에 어느 회원의 호소문이 올라왔다. 그는 이미 3~4년 전부터 미니멀리즘에 관심을 갖고, 1년 전부터 버리기와 정리정돈을 시작했다고 했다. 그런데 기대와는 달리 정리를 시작한 것을 후회한다고 했다. 이건 또 무슨 소리인가 싶어 계속 읽어 내려갔다.

그는 시간이 날 때마다 버릴 물건을 계속해서 거실에 꺼내놓았고, 나아가서는 집 안에 있는 모든 물건을 모두 꺼내어 살펴보기 시작했다. 그러면서 자신이 사용하는 것과 사용하지 않는 것, 사용하지 않는다면 남에게 줄 만한 것과 기관에 기부할 것, 버릴 것을 구분했다. 이렇게 물건 구분 작업을 온 집에 펼쳐두고 하다 보니, 넓었던 거실이 사람이 들어갈 수 없을 만큼 '거지 소굴'이 되어 있더라는 것이다. 결국 마음만 어지럽고, 살림에는 더 게을러져서, 이렇게 정리를 시작한 일 자체를 후회하게 되었으며 자괴감까지 들었다고 고백했다. 그는 진심을 다해 카페 회원들에게 조언하고 있었다. 미니멀리즘, 심플라이프를 꿈꾸는 이들이 의욕만 가지

고 다짜고짜 시작하다가는 무질서해 보였던 평범한 일상조차 일
그러지게 될 것이라고 말이다.

무슨 일이든 준비 운동이 필요하다. 갑자기 무리한 운동을 하
면 탈이 나는 것처럼 말이다. 정리력 카페는 카페 회원을 정리 초
심자부터 정리 초급자, 정리 중급자, 정리의 고수, 정리의 달인까
지 등급으로 나눈다. 회원들은 각자 자신의 집을 정리하고 나서
간단한 인증을 올리는데, 그런 인증들이 쌓이면 자연스럽게 등급
이 올라가게 된다. 정리 초심자들은 아직 정리에, 비우기에 익숙하
지 않은 사람들이다. 초심자들에게는 그래서 '비우기 프로젝트'를
추천한다. 비우기 프로젝트는 점진적이고, 점차 도전적으로 비우
기를 할 수 있는 방법이다. 이 방법은 일명 '미니멀 게임'으로 베스
트셀러 《미니멀리스트(Simplicity: Essays)》의 저자 조슈아 필즈 밀번
과 라이언 니커디머스가 제안한 방법이다.

방법은 이렇다. 한 달 동안, 첫 날에는 한 가지 아이템을 비우
고, 둘째 날엔 두 가지 아이템을, 셋째 날엔 세 가지 아이템을, 마
지막 날인 31일에는 서른한 가지의 아이템을 비우는 것이다. 이렇
게 하면 한 달 동안 거의 500개의 아이템을 비우게 된다(나도 이와
비슷한 방법으로 책장을 비웠다). 미니멀 게임의 장점은 '비우기'에 점
진적으로 익숙해지고 의사결정 능력에 자신감을 가질 수 있게 되
며, 마음을 느긋하게 가질 수 있게 한다는 점이다. 매일 비울 것을

찾다 보면 집 안에 잠자고 있는 물건들에게 관심을 갖게 되고, 집에 있는 모든 물건들의 '재고'를 파악하게 된다. 게다가 비우는 물건들이 하나둘씩 늘어날수록 안 쓰는 물건 없이 잘 쓰고 싶어지며, 물건이 늘어나지 않도록 소비를 줄이는 생활의 필요성도 절감하게 된다.

그렇게 사지 않고, 비우고, 최소한의 물건만으로 사는 삶의 방식이 습관화될 때, 모든 물건을 'Let it be' 즉, 순리대로 맡겨둬도 자연히 소박하게 살 수 있는 삶이 진정한 의미의 '미니멀라이프'이다. 아무리 물건이 없고 집이 텅 비어 있더라도 그것이 집 주인의 삶이 반영된 것이 아니라면 부자연스럽고 인위적인 것이며, 무엇보다 '단기적'인 상태일 테니까. 물건이 주는 편리함보다, 공간의 여유로움과 간소함의 가치가 더 소중해지고, 물건이 비워진 여백이 자신의 행위로 채워질 때 그때 정말 실질적인 의미의 미니멀라이프가 되는 것이다.

이렇게 최소한의 물건만으로 사는 삶이 내 삶의 질서가 되면, 그 다음부터 정리는 훨씬 단순하고 힘들이지 않는 일이 된다. 이때의 정리를 두 가지로 구분해서 설명하는 이도 있다. 전 세계적으로 유명한 일본인 정리컨설턴트 곤도 마리에는 정리에는 '축제의 정리'와 '일상의 정리' 두 가지가 있다고 말한다. 일상의 정리란, 물건을 사용하고 제자리에 두는 것이다. 옷이든 책이든 문구든 물건을 사용하며 생활하는 이상 평생 해야만 하는 정리를 말한다. 축제의 정리는 일생에 한 번, 깨끗한 방에서 자신이 바라는 이상적인 생활을 하기 위해 한 번에 완벽하게 끝내는 것을 말한다. 그녀는 축제의 정리를 하지 않는 한, 일상의 정리는 절대 불가능하다고 말한다. 축제의 정리를 한 번 끝내면 일상의 정리는 사용한 물건을 제자리에 두기만 하면 되는 것이기 때문이다.

그렇다면 축제의 정리는 바로 하드 워킹이고, 일상의 정리는 스마트 워킹인 셈이다. 집 안에 잡동사니들이 많고, 물건들이 혼재해 있다면 한번쯤은 모든 물건을 꺼내서 집에 있는 물건들의 재고를 파악하고, 불필요한 물건들은 비워내고, 적재적소에 제자리를 마련해주는 일련의 과정들을 집중적으로 거쳐야 한다. 집 안에 안 쓰는 물건을 빼내어 여유를 만들고, 물건들을 분류해서 제자리를 만들어주는 순간, 이제부터의 정리는 스마트 워킹이 되는 것이다.

대부분은 잡동사니들이 가득 들어찬 상태에서 겉으로만 깔끔하게 정리하려고 하기 때문에 금방 '도로아미타불'이 되고, 정리를 해도 어수선해 보인다. 집 안에 있는 모든 물건들을 재고파악 하겠다는 생각으로, 앞서 소개한 '미니멀 게임'을 활용하거나 한 공간씩 정해 불필요한 물건들을 최대한 집에서 빼내고, 제자리를 만들어주는 과정을 완벽하게 끝내면 드디어 질서가 잡힐 것이다. 이렇게 한 번 집중적으로 정리하고 나면 그 다음부터는 제자리에 돌려놓기만 하면 정리는 금방 끝난다. 따로 시간을 내서 해야 할 일이 아니게 되는 것이다. 그리고 이 일련의 행위들이 습관으로 자리 잡을 때, 정리가 내 삶 속에서 자연스러운 선순환을 일으킨다.

# 잡동사니의 역습에서 벗어나기

서울 이태원에 사는 고객 P는 그의 집을 방문했던 모든 정리 컨설턴트들에게 잊을 수 없는 인상을 남겼다. 주방 쪽 다용도실에 일회용 위생백이 상당히 많이 쌓여 있어서 컨설턴트가 이 비닐들을 따로 쓰실 데가 있는지 물어봤단다. 그는 식사를 할 때 포장마차에서 하듯이 그릇에 비닐을 씌우고 식사를 한다고 했다(나름 괜찮은 방식이라고 생각했는지 자랑스럽게 이야기했다). 설거지 양을 줄이기 위해 구내식당처럼 식판을 쓰는 집은 봤지만 비닐을 그릇에 씌워 식사하는 집은 처음이었다.

어느 날은 미니멀리즘 열풍에 대해 취재한 다큐멘터리를 보았는데 국내 미니멀리스트 카페의 회원 정모 장면이 나왔다. 한 회원의 집에 방문하는데 초대받은 회원들이 자기 식기를 챙겨 가는 것이 매우 인상적이었다. 초대한 집에는 가족용 외 여분의 식기나 일회용품이 존재하지 않기 때문이었다. 나는 그 다큐멘터리를 보면서 이태원의 고객 P를 떠올렸다. 그에게 필요한 것은 비닐이 아니라 그릇의 가짓수를 줄이는 것이 아니었을까. 우리의 정리컨설팅

이후에도 계속 그렇게 생활하고 있을지 궁금해졌다.

다다익선이라는 말처럼 물건이 많으면 많을수록 편리할 것 같지만 그 편리함은 공짜가 아니다. 물건이 있으면 그것을 청소하고 유지하는 데 많은 에너지와 돈이 들기 마련인데, 사람들은 물건을 구입할 때 이를 거의 고려하지 않는다. 아침식사 대용으로 주스를 마시기 위해 주서기를 구입했다고 치자. 그 물건을 사용하기 위해서는 생각지 못한 비용이 발생한다. 재료를 사는 시간, 씻고 다듬는 시간이 만만치 않기 때문이다. 사용한 뒤에 음식물 찌꺼기를 버리고, 부품들을 분리해서 구석구석 씻는 것도 일이다. 무엇보다 재료들이 상하기 전까지 이 모든 일을 부지런히 반복해야 한다. 돈을 내고 사는 시간은 단 몇 분에 불과하지만 막상 구입한 물건을 쓰기 위해서는 포장을 뜯어 조립하고, 사용 후에 보관하고, 게다가 사용하는 것 자체가 시간과 에너지를 쏟아야 하는 일이다. 좋을 것 같아서 산 그 물건이 나를 지치게 할 수도 있다.

인간은 살아가면서 해야만 하는, 필요한 일들이 참으로 많다. 나를 귀찮게 하고 지치게 하는 것은 설거지뿐이 아니다. 오히려 감당할 수 없을 만큼 쌓여 있는 물건이 부지불식간에 우리를 지치게 한다. 많은 이들이 '자신이 건강하게 생활하기 위해서 얼마만큼의 물건을 감당할 수 있는지'는 깊게 고민하지 않는다. 그러나 그렇게 지내다 보면 청소나 정리처럼 살면서 필요한 일들, 당연하게 할 수 있는 일들도 점점 늘어나서 '귀찮다'는 감정적 저항과 맞닥뜨리게 된다. 비닐이라는 또 다른 물건에 의존하여 과도한 폐기물을 생산하면서 임기응변식으로 살아가기엔 인생은 너무 길고, 일상은 계속된다.

우리가 멀리 여행을 떠날 수 있는 이유는 가지고 다닐 수 있을 만큼의 물건들만 가방에 챙기기 때문이다. 물건이 많으면 앞으로 나아갈 수 없다. 삶을 나아가기 위해서는 감당할 수 있을 만큼의 물건을 가져야 한다.


저장강박(compulsive hoarding syndrome)에 대한 시사교양 프로그램에 출연한 적이 있었다. 이 방송에서 나는 신대방동에 사시는 어느 할머니의 집 정리를 도와드리게 되었는데, 할머니는 몇 해 동안 동네에 있는 쓰레기를 죄다 모아서 자신의 집에 쌓아놓고 있다고 했다. 쓰레기를 리어카에 싣고 돌아다니는 할머니의 모습이 자주 발견되고, 집 인근까지 심한 악취가 나자 동네 이웃이 방송국에 제보를 했다. 방송국 제작진이 수개월 동안 할머니께 도움을 드리고 싶다고 권유해서 어렵사리 촬영이 시작된 상황이었다. 촬영 당일, 정리컨설턴트들과 자원봉사자들 수십 명이 동원되어 그날부터 3일 내내 압도적인(!) 쓰레기들과 사투를 벌였던 기억이 생생하다.

또 쇼핑 중독을 주제로 한 다큐멘터리에도 정리전문가로 섭외된 적이 있다. 주인공은 의정부에 사는 중년의 여성이었다. 그녀가 지속적으로 쇼핑한 물건들이 계속 쌓여 어느새 집 안에서 일상생활을 할 수 없는 지경이 된 것이다. 집을 방문해보니, 실제로 뜯지도 않은 상자와 쇼핑백이 무더기로 발견됐다. 그녀는 그 물건들을 보면서 마치 처음 보는 물건인 것처럼 "어? 이거 언제 산 거지?"라는 말을 연거푸 했다. 정리컨설팅을 하는 중간에도 택배기사들이 계속 방문하여 쇼핑한 물건을 놓고 갈 정도로 그녀는 쇼핑에 중독되어 있었다.

저장강박인 할머니, 쇼핑 중독인 중년 여성. 쓰레기든, 새 물건이든 쓰지 않을 물건을 쌓아놓고 사는 이들은 어떤 문제가 있는 걸까? 놀랍게 그들에게는 상실의 아픔을 갖고 있다는 공통점이 있었다. 신대방동 할머니는 반평생을 함께한 배우자인 할아버지가 뇌졸중으로 쓰러진 이후부터 쓰레기를 집으로 가져오기 시작했다고 했다. 중년의 여성은 두 자녀가 결혼을 하고 유학을 가게 되면서 쇼핑에 집착하기 시작한 것 같다고 고백했다. 매일 쇼핑을 하다 보니 혼자 있는 자신에게 연락하고 찾아오는 유일한 사람이 택배 아저씨였고, 잠깐이지만 그것이 그렇게 반가웠다는 것이다. 모두 마음속 허전함을 물질로 채우는 데서 비롯된 것이었다. 물건을 손에 얻는 만족감과 빈 공간을 채우면서 느끼는 시각적 풍족함이 고독을 잊게 만든다고 착각한 것이다.

이런 분들은 증상의 경중에 따라 정신과 전문의를 찾아 약물과 심리치료를 받아야 할 필요가 있다. 뇌에서 벌어지는 잘못된 인지체계를 바로 잡아야 하기 때문이다. 이처럼 정리컨설팅 고객들 중에는 쇼핑 중독이 의심되는 분들도 많은데, 다행스럽게도 집 정리를 하고 난 뒤 외면했던 자신의 중독 상황에 충격을 받고 새롭게 자각하게 된 운 좋은 케이스들도 있다.

그들은 자신에게 정리정돈을 할 '시간'이 없거나 자신이 정리정돈에 '취약'해서 집이 이렇게 되었다고 맹신한다. 또 할인 상품을 무분별하게 사들이면서 자신을 '알뜰하다'고 착각한다. 그런데 찬장 깊숙이 쌓여 있던 유통기한이 한참 지나버린 파스타 소스 스무 병을 버리거나, 한 번도 신지 않은 레깅스 오십 켤레쯤을 마주하고 나면 뭔가 크게 잘못되어 있다는 것을, 자신의 삶에 변화가 필요함을 절실하게 깨닫게 되는 것이다.

사람의 마음은 절대 물건으로 채울 수가 없다. 물건을 가졌을 때의 만족감은 아주 잠시뿐이고, 자기 손에 들어온 물건은 결국은 일상의 배경 어딘가쯤으로 사라져버리고 만다. 그러니 그저 물건을 소유하기 위한 삶을 사는 것은 얼마나 무의미하고, 지치는 일일까. 마치 해소되지 않는 갈증처럼 말이다.

혹시라도 이 글을 읽는 독자들 중에 자신에게서도 이런 경향을 발견했다면, 내가 현실에서 도피해서 잡동사니 속으로 숨어 사는 것이 아닌지 생각해보면 좋겠다. 삶의 변화는 자신이 가진 물건들을 하나하나 꺼내어 정리하는 아주 사소한 일에서 시작될 수 있다. 불필요한 물건은 없애고, 소중한 물건은 꺼내서 만지는 것. 그리고 그 물건들을 잘 쓰는 것. 그렇게 하다 보면 내가 사용하는 물건에 대한 애정과 관심이 생기고, 그 물건을 통해 얻어지는 가치를 되새기게 된다. 이는 자신의 일상을, 그리고 무엇보다도 자신이 그토록 원하는 자신의 행복을 돌보는 일이다.

# 가상 쇼핑과 정리 정거장

물건을 비울 때 사람들은 하나하나의 물건에 집중하며 '버릴까? 말까?'라는 단편적인 질문을 던진다. 그러나 이런 질문은 유용하지 않다. 이별과 상실을 좋아하는 사람은 없으니 말이다. 게다가 심리학적으로 인간은 자신이 소유한 물건에 대해서는 가치를 보다 높게 평가하는 경향이 있다고 한다. 그래서 타인이 보기에는 쓸모없는 물건도 그것을 가진 사람에게는 비우기가 힘든 물건이 되는 것이다. 이럴 때는 질문을 조금 비틀어야 한다.

**타임머신을 타고 과거로 돌아가더라도, 주저 없이 이 물건을 다시 살 것인가?**

'아니'라는 답이 나오거나, 속 시원하게 '물론이지'라는 답이 나오지 않는다면, 그 물건은 분명 나에게 별 소용도, 큰 의미도 주지 못하는 물건이다. 당연히 가차 없이 버려야 할 물건이다.

다른 방법도 있다. 일명 '미니멀리즘 일드'라 불리는 일본 드라마 〈우리 집엔 아무것도 없어〉에서 주인공 마이는 '버리기 마녀'라는 별명을 가지고 있다. 조금이라도 필요 없는 물건이 눈에 띄면 앞뒤 안 가리고 버리고 싶어 한다. 반대로 마음에 쏙 드는 물건은 소중히 여긴다. 꼭 필요한 물건만 갖되, 모두 '가장 좋아하는 것'으로 채우는 것이 그녀의 신념이다. 그러나 세상에 영원한 것은 없다. 모든 물건에는 유효기간이 있고, 쓰다 보면 불편함을 느끼거나 취향이 바뀔 수도 있다. 그래서 마이는 정기적으로 '가상 쇼핑'이라는 것을 한다.

그녀는 자신의 옷장이 바로 옷 가게라고 가정하고 집에서 상상으로 쇼핑을 한다. 이미 가진 물건이지만 손님의 시선으로 그 물건들을 다시 쇼핑하는 것이다. 다시 봐도 구매하고 싶은 옷은 맞은 편 휴대용 행거에 걸거나 바구니에 둔다. 이런 식으로 물건들을 빼내다 보면, 우선순위가 낮은 물건들만 옷장 안에 남게 된다. 그런 물건에는 착용감이 나쁘다든지, 유행이 지난 디자인이라든지 등 별로인 이유가 반드시 있다. 쇼핑이라는 상황 설정은 누구에게든 긍정적이고 즐거운 마음이 들게 하므로, 버리는 물건에 대한 미련이 덜 들게 만든다. 다시 한 번 마음에 쏙 드는 옷을 만났을 때의 즐거움도 느낄 수 있다.

무엇보다 이 가상 쇼핑의 가장 큰 장점이 있다. 바로 돈이 전혀 들지 않는다는 것이다! 모두 마음에 드는 것들로만 채워진 옷 가게의 옷이 모두 내 것이란 사실이 상상만 해도 흐뭇하지 않을까.

가상 쇼핑처럼 돈 들이지 않고 정리를 수월하게 할 수 있는 좋은 방법이 또 있다. 이름하여 '정리 정거장' 만들기다. 정리력 카페에서 한번은 다 함께 도전할 주간 미션으로 '밥 먹고 바로 설거지하기'를 수행한 적이 있다. 많이들 시도해봤겠지만 생각보다 실천하기 어려운 일이다. 배부르게 먹고 난 뒤 기분 좋게 늘어지고 싶은데, 싱크대에 쌓여 있는 설거지 더미 앞에 서려니 한숨부터 나오지 않겠는가.

그런데 어떤 회원이 댓글로 질문을 했다.

"돌아서면 쌓이는 게 설거짓거리인데, 어떻게 하면 양을 줄이거나 빠르게 할 수 있을까요?"

다른 회원들도 모두 알고 싶어 했다. 그랬더니 '강선생님'이라는 아이디를 가진 회원이 본인이 실천하고 있는 설거지 노하우를 알려주었다.

"개수대에 큰 바가지를 두고, 물 마신 컵이나 채소를 담았던 그릇처럼 기름이 닿지 않은 그릇들은 따로 그 안에 넣어두세요. 바로바로 씻으면 더 좋고요. 설거지할 때 따로 바가지에 모아둔 그릇들을 먼저 닦고, 기름이 묻은 나머지 그릇들은 세제를 묻혀서 닦으면 훨씬 빠르게 설거지를 끝낼 수 있어요."

옳거니! 기름이 닿지 않은 그릇은 미리 잠깐 정리해서 설거지 양을 줄이라는 것이다. 바로 닦아서 설거짓거리를 아예 만들지 않거나, 따로 구분해놓았다가 물로만 간단히 헹구면 설거지하는 시간이 훨씬 단축된다는 이야기였다.

나는 이러한 노하우를 '정리 정거장'이라고 부른다. 정리 정거장이란 정리의 중간 단계를 만드는 것이다. 마치 기차가 목적지에 도착하기 전에 중간 기착지를 거치는 것처럼 말이다. 정리 정거장을 만들면 심각한 수준으로 어지러워지는 것을 한번 막아준다. 이 방법은 일상에서 다양하게 활용될 수 있다.

바쁘고 피곤한 날에 어지러워진 거실을 보면 누구나 한숨과 짜증이 밀려온다. 그럴 때 일단 물건들을 정리 정거장으로 보내는 것이다. 장난감이나 아이 가방은 아이 방에, 옷은 드레스룸이나 옷장에, 그릇은 싱크대에. 이렇게 옮겨놓기만 하고 일차적으로 정리를 끝낸다. 나머지는 시간이 여유롭고, 에너지가 있을 때 차근차근 정리하면 된다. 정리 정거장은 최종 정리를 미루더라도 당장 눈앞에 광경도 전보다는 깔끔하고 나중에 정리할 때 훨씬 더 일을 수월하게 해준다.

우리 모두는 일상을 운행하는 기관사와 같다. 정리는 이 일상을 매끄럽게 운행하기 위해 기름도 쳐주고 수리도 하며 깨끗이 치우는 일이다. 그런데 '큰 마음'을 먹어야 하는 일에는 누구나 반사적으로 미루기 본능이 작동하기 마련이다. 반대로 한 템포씩 끊어 틈틈이 할 수 있는 일들에는 마음의 저항감이, 실행의 문턱이 조금 더 낮다. 그래서 정리 정거장을 권하는 것이다. 정리만 그런 것이 아니다. 인생에도 정거장이 필요하다. 삶이 어렵지 않게, 매끄럽고 쾌적하게 나아가기 위한 정거장. 그곳에서 우리는 한 템포 쉬면서, 동시에 앞으로 나아갈 수 있다.

# 창고의 재발견

　누군가가 "당신의 집에서 가장 소중한 공간이 어디라고 생각하십니까?"라고 물어본다면 나는 망설임 없이 "창고"라고 말할 것이다. 그런데 대부분은 그렇게 생각하지 않는 모양이다. 음식물들이 들어갔다가 도무지 나오지 않고 쌓여만 가는 냉장고를 우스갯말로 '냉창고'라고 표현하는 것을 보면, 창고는 들어가면 나오지 않고 쌓이고 쌓여서 무엇이 어디에 있는지조차 알 수 없는 카오스적 공간의 의미가 되어버린 듯하다. 어떤 이들은 '새집에 이사 가서 무언가를 베란다 창고에 넣으면, 그 물건들은 다음 이사할 때 비로소 발견한다'라고 할 정도니 말 다했다.

　나는 창고에 있는 물건들을 꺼내 쓰고, 다시 넣을 때 가장 큰 만족감을 느낀다. 특히 선풍기나 크리스마스트리처럼 여름이나 겨울에만 쓰는 계절용품, 손님이 올 때만 쓰는 교자상과 같은 물건들은 때에 따라 반드시 필요하지만 자주 쓰지 않는 물건들이다. 그런 물건들을 잘 보관하다가 제때에 요긴하게 쓸 때면 창고라는 그 공간이 하염없이 고마워진다. 만약 창고가 없었다면 쓰지도 않으면서 방 한 켠을 차지하거나, 청소를 할 때마다 걸리적거렸을 것이 분명하다. 하지만 창고에 넣어둔 물건은 마치 마법사의 요술 보자기처럼 필요할 때 '짜잔' 하고 나타나는 느낌이 든다.

창고라는 존재는 신비하다. 분명 몇 개 넣어둔 게 없는 것 같은데, 시간이 지나면 점점 발 디딜 틈 없이 빼곡하게 물건으로 가득차기 십상이다. 창고는 사용 빈도가 낮은 물건들을 보관하는 공간이므로, 그나마도 사용 횟수가 줄어들어 전혀 필요가 없어지거나 쓰지 않게 되는 물건이 되는 것은 자연스러운 일이다. 새로운 물건들 앞에 우선순위가 밀릴 수밖에 없는 것이다.

그래서 창고가 제 역할을 하게 하려면 기간을 정해 주기적으로 창고 정리를 해야 한다. 현재 시점에서 다시 판단한 우선순위에 맞게 창고를 정리해야 한다. 그리고 경험상 대부분의 사람들은 기억의 한계가 있어, 본인들이 창고에 넣어둔 물건들을 다 기억하지는 못한다. 꺼내어 그 필요성을 인식하고 사용할 것인지를 판단하는 시간이 주기적으로 필요한 이유다.

한계가 가능성을 만든다. 창고라는 공간의 현실적 제약은 우리로 하여금 다시 물건을 돌아보고 그 쓰임이의 순위를 정하게 만든다. 그리고 새롭게 다시 활용할 여지를, 혹은 이제 버려야 할 시기가 왔음을 깨닫게 해준다. 그렇게 꼭 필요한 것만 가지고 살 수 있도록 판단을 돕는다. 이러니 이래저래 고마운 공간이다.

마음이 심란할 때 대청소를 한다는 고객들이 꽤 있다. 나도 그럴 때 간간히 창고를 정리한다. 그리고 창고를 정리하면서 끝없이 소유하고 싶은 욕망을 내려놓는다. 그때야말로 내가 물건으로부터 진정으로 해방되고 자유로워지는, 아주 행복한 순간이다.

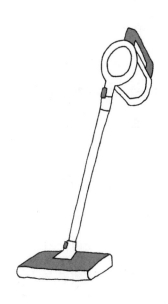

# 가족의 의지를 불태우는 법

'나도 미니멀하게 살고 싶다'는 마음으로 정리를 좀 해보자 결심했는데 부모, 남편, 아내, 아이가 물건을 못 버리게 하는 바람에 집 정리가 안 된다는 사람들도 있다. 어찌 보면 당연한 상황이다. 집이라는 곳이 '내 집'이 아니고 '우리 집'이니, 가족 모두는 아니어도 그 물건을 사용했거나 계속 곁에 두고 싶은 가족 구성원이 있기 마련 아닐까. 혼자 사는 집이 아니고선 이 결심에 '동의'도 필요하다는 이야기다. 정리를 한 뒤에 그 상태를 유지하기 위해서도 당연히 가족의 협조가 필요하다.

가족들과 정리에 대한 공감대를 만들기 위한 가장 좋은 이벤트는 '함께 청소하기'만 한 것이 없다. 이를 위해 우선 함께하는 시간이 있어야 한다. 이를 테면 매월 첫째 주 일요일은 대청소하는 날로 정하는 식이다. 가족끼리 모여 다 함께 청소를 하다 보면 집 안 구석구석을, 이쪽 방에서 저쪽 방까지, 주방에서 화장실까지 살펴보게 된다. 막상 시작하면 누구라도 정리 욕구가 생겨나기 마련이다. 대부분의 집은 어느 정도 어수선하고 넘치는 물건들로 가득하기 때문이다. 이 과정에서 자연스럽게 자기 물건이나 공간에 대한 애정이 생겨나고, 그 공간을 깔끔하게 가꾸기 위해 필요 없는 것은 버리기로 '결심'하게 된다.

두 번째로 권하고 싶은 일은 가족과 함께 정리가 잘 되어 있는 지인의 집이나 이케아(IKEA) 같은 인테리어 소품 매장을 방문하는 것이다. 정리력 카페의 한 회원은 가족이 모두 친구 집에 놀러갔다가 깜짝 놀랐다고 했다. '이게 바로 미니멀리즘이구나' 싶을 정도의 화이트톤 인테리어에, 가구나 물건도 별로 없고, 심지어 먼지 하나 없이 깔끔했던 것이다. 결국 다음날, 가족 모두가 의지를 불태우며 하루 종일 집에 있는 불필요한 물건들을 버렸다고 했다. 좋은 자극이었던 셈이다. '남의 집'의 소득 수준이나 '남의 집' 남편의 자상함, '남의 집' 아이들의 성적 등을 비교하면서 스트레스 받는 일은 정신 건강에 해롭지만, 정리만큼은 다르다. 부러우면 지는 게 아니라, 부러우면 나도 하면 된다!

세 번째로 권하고 싶은 일은 행동경제학에서 말하는 '넛지(nudge)'를 활용하는 것이다. 넛지는 '살짝 자극한다, 살짝 밀어준다'는 뜻으로, 개인의 의지를 보호하면서도 더 나은 삶을 살게 하기 위해 그들의 행동 방식에 살짝 영향을 미치는 것을 말한다. 이를 활용하면 아이들에게 강압적인 방식이나 잔소리를 하지 않고도 올바른 생활 습관을 길들이는 데에 효과적이다.

예를 들자면 이런 것들이다. 현관에서 신발을 휙 벗어 던지지 않게 현관 바닥에 신발 모양으로 시트지를 오려 붙여서 아이들이 그 위에 신발을 벗어놓게 한다든지, 욕실 문 옆에 빨래 바구니를 두고 벗은 옷을 바로 담을 수 있게 한다든지, 옷장에 라벨을 큼지막하게 붙여서 옷을 직접 꺼내 입고 넣을 수 있게 시킨다든지 하는 것들이다. 자연스럽게 아이들에게 정리 습관을 만들어줄 수 있다.

주부 대상의 정리 강연에서, 청중들에게 가장 정리가 어려운 게 무엇이냐고 물으면 "남편이요" 하는 대답을 농담처럼 듣고 넘겼다. 그러나 정리력 카페에 올라오는 글들을 보면서 그것이 결코 우스갯소리만은 아님을 알게 되었다.

"저희 남편이 하나도 못 버리게 해요."

"남편이 밖에서 뭘 자꾸 얻어와요."

"남편이 정리컨설팅을 받지 말래요."

공통점은 "정리도 안 하면서"였다. 집안일에 도움을 주지 않는 남편을 움직이는 데에는 차라리 '그가 할 수 있는 구체적인 항목 몇 개'를 협상으로 쟁취하는 것이 현실적으로 낫다. 예를 들어 평일에는 열외로 하되 주말에 음식물 쓰레기를 버리거나 분리수거를 하기로 정하는 식이다. 정리 세미나에 온 한 교육생이 자신과 남편과의 가사 역할 분담에 대해 이야기했는데, "머리를 쓰는 일은 본인이 하고 힘을 쓰는 일은 남편이 한다"고 말해서 모두의 고개를 끄덕이게 만들었던 적이 있다. 어떤 기준으로 나누든 집안 일에 대한 책임과 역할은 가족 모두에게 있다. 모두가 하기 싫은 일은 최대한 가전제품의 도움을 받고(식기세척기에서 건조기까지 일손을 줄여주는 가전제품이 많이 나왔다), 서로 의논하여 각자의 생활 방식 이나 성향에 맞는 일을 분담하는 게 좋다.

여기에 덧붙이자면, 정리컨설팅 비용이 적지 않다 보니 가족들이 반대하는 경우도 있다. 그럴 수 있다. 정리를 돈까지 주고 해 야 한다는 아이디어를 이 땅에 맨 처음 소개한 사람이 나이고, 그 게 고작 10년도 넘지 않은 일이니 당연히 그럴 수 있다. 돈을 쓰지 않고 스스로 할 수 있으면 그렇게 하면 된다.

남편의 반대를 무릅쓰고 비상금까지 털어 정리 서비스를 받 은 고객이 있었다. 설레는 마음으로 남편이 퇴근하고 집에 오기 를 기다리는데 도어락을 여는 소리가 들렸다. 정리컨설턴트와 가 족들은 남편이 환한 웃음을 지으며 들어오기를 기다렸는데, 열리 던 문이 다시 닫히는 게 아닌가. 그러고선 다시 도어락을 여는 소 리가 났고, 황당하다는 표정으로 남편이 들어왔다. 자기 집이 아닌 줄 알고 다시 문을 닫았다는 것이다.

"남의 집이었으면 도어락을 못 열었지" 하고 가족이 모두 한 바탕 웃었고, 남편은 겸연쩍어하면서 "오늘 정리한다는 건 알았는데 이렇게 집이 다른 집처럼 될 줄은 몰랐다"라며 얼떨떨한 표정에서 미소가 번졌다. 아이들은 "엄마, 이사 온 것 같아"라고 말하며 온 집안을 신나게 뛰어다녔다. 정리를 의뢰한 고객도 고객이지만, 가족들이 행복해하고 좋아하는 모습을 볼 때 이 일의 보람을 느낀다. 우리를 필요로 할 때 이렇게 활용하면 되는 것이다.

다만 내가 말하고 싶은 것은 이런 것이다. 아마도 그날, 고객의 남편도 '정리가 잘 된 우리 집'에 대한 신선한 행복감을 느꼈을 것이다. 정리컨설팅을 받든지, 가족들의 힘으로 멋지게 시작하든지 어느 쪽이든 정리를 통해 경험한 첫 행복감이 앞으로의 삶을 변화시키는 전환점이 될 수 있다는 사실이다. 어쩌면 가족들이 정리를 못하는 이유는 정리된 공간을, 그 만족감을 한 번도 경험해보지 못했기 때문이 아닐까? 정리가 얼마나 좋은지를 알게 된다면, 온 가족의 도움이 없이는 유지되지 못한다는 사실을 깨닫게 된다면 우리 모두가 변하게 될 것이다.

# 볼 때마다 기분 좋아지는 집

흔히 드라마 속 멋진 집처럼 꾸미고 살려면 '집을 뜯어 고쳐야 한다'고 생각한다. 그러나 큰돈을 들여 화려하게, 혹은 심플하게 인테리어 공사를 한다 해도 정리가 몸에 배지 않았다면 곧 아무 소용이 없어진다. '억억' 소리가 난다는 고급 아파트에 명품 가구들이 즐비해도, 정신없이 쌓여 있는 물건들 때문에 채광도 제대로 되지 않아 우중충한 집을 여러 차례 만났다. 반면 정리력 카페의 한 회원은, 필요 없는 물건을 버리고 깔끔하게 정리를 한 뒤 부동산에 집을 내놓았더니 같은 평형의 윗집보다 훨씬 높은 가격으로 거래가 성사됐다는 사연을 올렸다. 심지어 윗집은 1년 전에 수천만 원을 들여 인테리어 공사까지(일명 '올수리') 한 집이었는데도 말이다. 그러니 낡고 좁은 집이라도 정리만 잘해놓으면 얼마든지 가치를 높일 수 있다. 정리가 웬만한 인테리어 공사를 이긴다.

꼭 대대적인 공사만 능사가 아니다. 아름답게 수납하는 방법, 예쁜 마스킹테이프로 서랍이나 박스에 라벨링하는 법, 각 맞춰 옷 접는 법, 호텔처럼 수건 개는 법 등의 다채로운 방법들은 유튜브에 조금만 검색해봐도 넘치게 나오는 세상이다. 버리고 비우는 정리가 '세안'이라면, 아름답게 꾸미는 일은 '화장'에 해당할 것이다. 누구나 마음만 있다면 충분히 할 수 있는 방법들이다. 특히 아이 방을 정리할 때, 장난감 정리함이나 서랍에 라벨링을 해주면 스스로 정리하는 데에 도움이 되는데, 글씨를 모르는 아이라면 폴라로이드 카메라로 찍어서 사진을 붙여주면 실용적이면서도 귀여운 장식이 된다.

여기에 수납도구를 잘 활용하면 우리 집에서 사용하지 않는 공간, 죽어 있는 공간을 수납공간으로 변신시키면서 미적인 효과도 얻을 수 있다. 자잘한 물건들이 보이지 않게 깔끔하게 수납하는 것은 물론, 라탄, 패브릭, 원목, 철제 등 집 분위기에 맞게 소재를 선택하면 편리함과 아름다움이라는 두 마리 토끼를 잡을 수 있다. 수납도구 역시 신중하게 소재를 고르고, 여러 개를 살 생각이라면 비슷한 소재와 통일된 색상, 디자인으로 구입하는 게 더 좋다.

한번은 어느 고객의 집 정리컨설팅을 하는 중이었는데, 고객이 옷장 앞을 지나갈 때마다 계속 옷장 문을 열었다 닫았다를 반복하고 있었다. "혹시 옷장에 무슨 문제가 있나요?" 하고 물었더니 고객은 수줍게 웃으면서 "열 때마다 기분이 좋아져서요"라고 말했다. 줄을 맞춰 색깔별로 가지런히 수납하면 별것 아닌 수건도, 하다못해 흔한 비닐봉지조차도 아름다워 보이기 마련이다.

나는 가끔 무인양품 같은 SPA 브랜드 매장에 들어가보곤 한다. 어떤 목적이 있어서가 아니라, 그저 잘 정리된 공간과 제품들을 보는 것만으로도 마음이 편안해지고 기분이 좋아지기 때문이다. 출장가면서 강원도 쪽을 향하게 되면 굳이 용건이 없어도 가평 휴게소에 들린다. 정말 끝내주게 물건들이 잘 정리되어 있기 때문이다. 물건이 종류대로 가지런히 정리된 편의점도 좋다. 잘 정리된 상품들만 봐도 기분이 전환된다(일종의 직업병일지도 모르겠다).

어쩌다 지나가는 매장이나 휴게소가 정리가 잘 되어 있어도 이렇게 기분이 좋아지는데, 내 집이 이처럼 깔끔하고 보기 좋게, 심지어 아름답게 정리되어 있다면 얼마나 기분이 좋을까. 냉장고도 편의점에서 정리하는 방식으로 음료수 캔, 통조림, 과일 등이 같은 색감과 종류별로 일렬종대로 정리되어 있고, 의류 매장처럼 옷이 스타일별로, 재질과 색상별로 잘 정리되어 있다면 말이다. 아마 옷장 문을 자꾸만 열어보던 고객의 마음이 이러했을 것이다. 정리를 통해 새롭게 탄생한 공간을 효율적으로 활용할 수 있을 뿐더러 그것이 내 집이라면, 볼 때마다 어찌 행복해지지 않겠는가.

끝으로, 보기만 해도 기분이 좋아지는 집을 만들기 위해 위에 제시한 모든 방법들이 귀찮고, 감각도 별로 없어서 꾸미기도 어렵고, 무엇보다 번거롭다면 이 모두를 대체할 가장 효과적인 방법이 있다. 바로 아무것도 놓지 않는 것이다. 삶에도 여백이 필요하듯이 공간에도 여백이 필요하다. 디자이너들이라면 우리를 둘러싼 모든 인테리어, 그래픽, 영상 디자인 등에서 여백이 갖는 강력한 힘에 대해 공감할 것이다. 가끔 정리력 카페에 이런 질문이 올라온다.

"여기 비어 있는데 무엇을 놓으면 좋을까요?"

"노는 공간이 있는데 어떻게 활용할까요?"

필요에 따라 요긴하게 공간을 쓰면 좋지만 그런 경우가 아니라면 내 대답은 "그럼 아무것도 놓지 마세요"이다. 빈 공간은 빈 공간대로 비워두는 것도 좋은 방법이다. '여백의 미'라는 말도 있지 않은가. 어떤 공간은 비어 있는 것만으로도 아름답다. 그게 당신의 집일 수도 있다.

나는 얼마만큼의 물건을
감당할 수 있을까?
이 질문을 외면하지 않고
스스로에게 솔직해지는 일.
정리를 내 인생에 담기 위해
꼭 해야 하는 일이다.

인생은 길고, 일상은 계속된다.
감당할 수 있는 만큼의 물건만 가져야
더 평온한 삶으로 나아갈 수 있다.

# 더 알고 싶은 이들을 위한 정리 Q&A

**Q.** 입던 옷은 어떻게 정리하는 게 좋을까요?

**A.** 자주 받는 질문 중 하나다. 정리는 인풋과 아웃풋의 순환을 만드는 것이다. 그러니까 입었던 옷은 잘 정리해두고, 빨아야 할 옷은 세탁하고, 다시 잘 꺼내 입을 수 있게 보관하는 시스템이 원활하게 돌아가야 한다. 그런데 이 순환이 원활하지 않고 끊기는 순간이 있다. 입었던 옷들이 세탁의 단계로 넘어가지 못한 채 쌓이는 것이다.

옷 정리는 옷을 벗을 때 시작된다. 옷을 벗으면서 이 옷을 빨아야 하는지, 더 입을 수 있는지를 판단하는 것이다. 이 옷을 몇 번 정도 입었는지, 그날 무슨 일이 있었는지, 어디를 갔는지, 음식물을 흘리지는 않았는지, 땀을 많이 흘렸는지, 옷을 자세히 살펴보고 냄새도 맡아본다. 냄새가 나거나 오물이 묻어 있다면 빨래바구니로 옮긴다(앞에서 말한 정리 정거장이다). 냄새와 먼지만 제거하면 되는 겉옷 같은 경우 먼지를 털어서 바람이 통하는 베란다에 걸어놓는다. 드라이클리닝을 해야 하는 옷은 잊지 않고 외출 시 챙겨갈 수 있도록 현관 앞 쇼핑백에 넣어둔다(역시 정리 정거장이다). 빨아야 하는 옷들을 지체하지 않고 빨래바구니에 넣을 수 있다면 입던 옷들이 마구잡이로 쌓이는 것을 방지할 수 있다.

이제 두 번째 문제는 입던 옷을 어디에 보관하느냐이다. 본인의 위생 관념상, 새 옷과 입던 옷이 철저히 구분되어야 한다면 행거나 바구니를 따로 구비해야 한다. 내가 추천하는 방법은 가족들마다 각자 하나씩 그런 바구니와 행거를 가지는 것이다. 구김이 덜 가거나, 잘 펴지는 소재라면 바구니에 던져놓으면 좋다. 행거에는 겉옷이나 블라우스 같은 옷들을 걸어두면 된다. 이렇게 하면 입은 옷들은 구분이 되면서 정리하기도 쉽고, 다시 꺼내 입기도 쉽다. 되도록 입은 옷들을 자주 입어서 빠른 시일 내에 빨래할 수 있도록 신경을 써야 한다.

옷이 많지 않고, 행거나 바구니를 따로 쓸 공간적 여유가 없으며, 입던 옷이 바깥으로 보이는 게 싫다면 옷장 안에서 그 시스템을 갖출 수도 있다. 행거의 맨 오른쪽을 리본으로 구분해서, 입은 옷들은 리본 오른쪽에 거는 것이다. 바구니는 행거 하단에 두고, 먼지를 잘 제거해서 바구니에 대강 접어두면 외관상 깔끔한 상태를 유지할 수 있다.

**Q. 수납도구 사러 다이소 같은 곳에 가면 과하게 사게 되는데, 어떻게 하면 좋을까요?**

**A.** 수납도구를 사거나 새로 나온 수납도구들을 살펴보기 위해 다이소에 종종 방문한다. 다이소는 일본의 100엔 숍, 미국의 1달러 숍처럼 1,000~5,000원 사이에서 다양한 생활용품을 판매하는 곳이다. 요즘에는 1,000원으로 살 수 있는 것들이 많지 않은데, 여기서는 1,000원만 있어도 살 수 있는 유용한 물건들이 넘쳐난다. 그러니 아무것도 사지 않고 나오는 것이 더 힘들 정도이다.

바구니를 들고 매장 안을 돌다 보면 수납도구 매대 앞에서 고민하고 있는 사람들을 유심히 보게 된다. 한 젊은 커플은 이제 막 자취를 시작했는지 바구니에 이것저것 담는다. 자세히 살펴보니, 공간별 코너마다 유용해 보이는 것들은 모두 담은 것 같다. 일단 옷장에 넣을 바구니를 크기별로 담고, 그 안은 옷봉과 수건걸이, 싱크대 위 접시 정리대, 신발정리대, 양념통을 일렬로 정리하는 작은 선반과 조리도구 걸이 등으로 가득 채웠다.

저 바구니들은 과연 옷장 안에 잘 들어갈까? 너무 크거나 너무 작지 않을까? 저 옷봉에 걸 물건들은 뭘까? 너무 무거워서 옷봉이 무너지면 어쩌지? 저 수건걸이는 못을 박아야 하는데 못을 박아도 되는 벽일까? 접시를 꺼낼 수 있을 만큼 선반 높이는 적당할까? 남의 걱정을 진지하게 하게 됐다.

다이소에 가기 전에 꼭 다음 사항들을 기억하자. 수납도구는 최대한 천천히 시간을 들여, 정말 필요할 때 구입해야 한다. 앞서 많은 사례들에서 수납도구가 짐이 된다는 이야기를 했다. 그리고 다이소에 가기 전, 줄자와 메모지를 준비하길 바란다.

**"메모지에 수납할 물건을 적어오세요."**
**"이 줄자로 치수를 정확하게 재서 오세요."**

어떤 물건이든 사려는 목적이 분명해야 한다. 수납도구도 마찬가지이다. 수납도구를 구매하기 전에 줄자와 메모지를 먼저 이용한다면 수납도구의 목적은 분명해진다. 줄자를 이용하려면 수납도구를 둘 장소가 정해지는 것이다. 그 장소에 들어갈 만한 도구의 크기를 알게 된다. 메모지를 쓰면 어떤 물건을 수납할지가 정해지는 것이다. 이렇게 미리 한번 생각하고 준비하는 것만으로도 불필요한 낭비를 어느 정도 줄일 수 있다.

Q. 정보와 아이디어는 어떻게 정리하면 좋을까요?
A. 나도 어느 덧 네 권의 책을 쓴 저자가 되었다. 주변에 책을 쓰고 싶은 이들이 어떻게 그렇게 꾸준히 책을 낼 수 있는지 궁금해한다.

우선 오래 전부터 내 전문 분야를 갖고 강의를 하고 책을 쓰는 일이 나에게는 중요한 삶의 목표였고, 그 목표는 자연스럽게 다독과 다상량(多商量)의 동기가 되었다. 책을 쓰고 싶어 하는 사람들은 기본적으로 책을 좋아하고 책을 많이 읽는다. 그러나 그냥 읽기만 해서는 되지 않고, 독서를 통해 얻은 지식과 생각들을 어떻게 활용하느냐가 중요한 문제이다.

나 역시 다른 사람들처럼 책을 읽다가 마음에 드는 문구에 밑줄을 긋고, 여백에 메모를 했다. 그러다 보니 일단 책을 다 읽고 책장에 꽂아두면 다시 꺼내 읽기 전까지는 주옥 같은 문장들과 밑알 같은 생각들이 책 속에 봉인될 수밖에 없었다. 따로 시간을 내서 컴퓨터로 정리하려고 해도 일을 두 번 하는 것 같고, 두세 페이지마다 보이는 밑줄의 방대한 양 때문에 엄두가 나지 않았다. 그래서 나만의 '포스트잇 정리법'을 만들어냈다.

먼저 독서할 때 단행본 사이즈보다 조금 작은 가로 102밀리미터 세로 152밀리미터 사이즈의 포스트잇을 준비한다. 그리고 노트 한 권과 삼색볼펜이 필요하다. 읽고 있는 페이지 옆에 포스트잇을 한 장 떼어 붙인다. 그리고 페이지마다 밑줄 칠 만한 문장이 생기면 포스트잇에 옮겨 적는다. 이때 삼색볼펜으로 구분해서 메모한다. 나는 책 내용의 개요는 검은색으로, 중요한 내용은 빨간색으로, 좀 더 연구할 내용(해야 할 일)을 파란색으로 적었다. 그렇게 채워진 포스트잇은 노트

한 페이지에 한 장씩 붙인다. 그렇게 하면 책마다 한 페이지에서 최대 세 페이지 정도로 정리가 된다. 포스트잇을 붙여 정리해놓은 노트를 보면서 노트의 여백에 다시 한 번 개념 정리를 하거나 추가 아이디어를 적는다. 이렇게 포스트잇에 적다 보면 시간이 걸리기는 하지만, 옮겨 적는 데에 시간과 에너지를 들이며 자연스럽게 중요한 정보들을 선별할 수 있게 된다.

밑줄을 긋다 보면 이 문장이 정말 중요한 문장인지를 판단하기도 전에 마구 긋게 되는 경향이 있었는데, 포스트잇에 적을 때는 자연스레 숙고하게 된다. 그리고 색깔로 구분하면서 그 지식을 어떻게 활용해야 하는지에 대해 미리 생각하게도 되었다. 요약 정리를 하면서 전체 내용을 이해하고 중요한 내용을 오래 기억할 수 있는 것처럼, 포스트잇 정리법은 한 권의 책을 완전히 내 것으로 만드는 방법이다.

정리의 목적이 완성된 현재가 아니라 다음에 더 잘 쓰기 위한 미래에 있듯이, 지식을 정리하는 것은 활용을 목적으로 해야 한다. 그리고 정리된 지식을 실제로 활용하다 보면 이는 곧 새로운 경험이 되고 삶을 바꿀 수 있는 시작이 된다.

Q. 기껏 사온 식재료를 냉장고 속에서 자꾸 썩히는데,
   좋은 방법 없을까요?

**A.** 어머니께서 시장에서 사온 식재료가 늘 검은 비닐봉지째 냉장고에 들어간다. 대부분의 집이 그렇다. 그런데 냉장고의 적이 바로 검은 비닐봉지다. 검은 봉지째 보관되는 식재료의 반은 늘 유통기한이 지나서 버리게 될 확률이 높아지기 때문이다. 요즘에는 스마트한 기술 덕에 속이 보이는 냉장고도 나왔다지만 검은 봉지는 그런 기술마저 무색하게 만든다. 이런 고민을 하는 사람에게 하지 않는 조언이 있다. "냉장고에 넣을 때 검은 비닐봉지를 빼세요"이다. 해오던 습관을 고치는 것은 어렵기 때문이다. 나쁜 습관을 좋은 습관으로 대체하는 것이 훨씬 낫다.

요새 유행하는 방법 중에 일명 '냉장고 파먹기'라는 게 있다. 냉장고 파먹기는 최소한으로 장을 보면서 냉장고에 있는 식재료를 활용해 매끼 식사를 해결하는 것이다. 생활정보 프로그램이나 재테크 책에 자주 소개되면서 실천하는 주부들이 많아졌다. 일단 냉장고 안에 있는 식재료들만 활용해야 하기 때문에 검은 비닐봉지 속 식재료들을 꺼낼 수밖에 없다. 이렇게 하면 식재료의 재고 파악과 버리기 실천이 습관화되고 자연스럽게 냉장고 정리가 된다. 그러나 지속적으로 냉장고 파먹기를 실천하려면 체계적인 시스템이 필요하다.

나에게는 《여자의 습관》이라는 책에 소개된 포스트잇을 활용한 냉장고 정리법이 유용했다. 이 방법은 포스트잇 세 장만 있으면 된다. 우선 첫 번째 포스트잇에는 '다 먹어서 다시 사야 할 것'들을 적는다.

계란이나 양파, 계란, 우유처럼 기본적으로 구비되어 있어야 할 재료들을 적을 것이다. 이 책의 저자는 포스트잇에 다섯 가지 이상의 항목이 채워졌을 때 장을 보러 간다고 한다. 장을 보러 갈 때는 이 첫 번째 포스트잇만 떼어가면 된다.

두 번째 포스트잇에는 '현재 냉장고 안에 들어 있는 음식과 식재료 중 빨리 먹어야 할 것'을 적는다. 어묵, 남은 밥, 채소 같은 것이 해당된다. 이런 것들은 존재 자체를 잊고 있다가 썩히는 경우가 많다. 이렇게 적어두고 확인하면 오래돼서 버리는 음식이 없어지게 된다.

마지막으로 세 번째 포스트잇에는 냉장고 안에 있는 식재료로 만들어 먹을 수 있는 요리의 이름을 적는다. 냉장고에 김치가 많다면 김치전, 김치만두, 돼지고기 김치찜 등을 만들 수 있다. 냉장고에 재료가 있어도 바로 아이디어가 떠오르지 않으면 그저 그런 식재료가 될 테지만, 생각날 때마다 요리의 이름을 적어놓으면 메인 재료가 된다. 게다가 '오늘 뭐 먹지'라는 고민을 하지 않아도 되기 때문에 시간 낭비도 줄이고, 외식하거나 배달음식을 시켜 먹는 일도 줄어들게 된다. 이렇게 포스트잇 세 장을 냉장고 문에 붙여놓는다면, 매번 아깝게 버리던 식재료들에게 무한한 가능성을 만들어줄 수 있지 않을까.

# Part 4.

## 정리하는 삶을 생각하다

서울 역삼동에 사는

윤선현 씨의 아내.

29세. 갓 결혼함.

살림 및 정리 경험 없음.

특기는 하루 일과를 그려볼 수 있을 정도로

모든 소지품을 방바닥에 순서대로 늘어놓기.


정리하는 남자와 사는 아내,

이들은 어떻게 타협하게 되었을까?

혹은 얼마나 닮아가고 있을까?

# 비우는 삶에 대하여

전 세계적으로 미니멀리즘 열풍이 시작된 계기는 다양하다. 2011년에 발생한 동일본 대지진이 그 계기 중 하나였다. 일본인들은 대지진을 겪으며 집안에 쌓아두었던 물건이 한 순간에 생명을 위협하는 흉기가 되고, 거대한 쓰레기 더미가 되는 사건을 경험했다. 자연히 물건과 소유에 대한 새로운 시각을 가지게 되었다. 《우리 집엔 아무것도 없어》의 저자인 일러스트레이터 유루리 마이가 바로 이러한 케이스이다. 그녀는 과거 맥시멀리스트로 살았으나 대지진을 계기로 미니멀리스트가 되었고, 그 과정을 만화로 그려 선풍적인 인기를 끌었다.

일본의 정리컨설턴트 곤도 마리에는 미국의 저명한 주간지 〈타임(Time)〉이 선정한 '세계에서 가장 영향력 있는 100인'에 뽑히기도 했다. 그녀의 책《인생이 빛나는 정리의 마법》은 2011년 일본에서 100만 부를 돌파하는 등 엄청난 반향을 일으킨 동시에 미국 아마존에서도 종합 베스트셀러 1위에 오르는 파란을 일으켰다. 영미권에서는 2010년 조슈아 필즈 밀번과 라이언 니커디머스가

'더 미니멀리스트닷컴(theminimalists.com)'라는 웹사이트를 운영하면서 많은 이들과 언론의 주목을 받았다. 그들은 잘 나가던 회사에 돌연 사표를 던지고 돌연 미니멀리스트로의 삶을 살기로 결심하면서 세간의 관심을 받았다.

우리나라에서는 2012년부터 출판계가 '미니멀리즘'과 '미니멀라이프'에 관한 번역서를 출판하면서 본격적으로 주도했다. 일본에 사는 프랑스 출신 수필가 도미니크 로로의 《심플하게 산다(L'art de la simplicite)》는 출간된 지 5년이 지난 지금까지도 스테디셀러에 올라 있으며, 2015년에 출간된 편집자 출신의 작가 사사키 후미오의 《나는 단순하게 살기로 했다》는 지금도 꾸준히 베스트셀러로 사랑받고 있다. 한 출판관계자는 오래 지속되는 경기 불황과 구체적인 대안의 삶을 고민하는 과정에서 '미니멀리즘'이 생존 전략으로 등장한 것이라고 해석하기도 했다.

이처럼 전 세계에서 미니멀리즘이 열풍이 시작된 계기는 다양하지만, 공통된 맥락은 '소유를 지향하는 삶이 과연 좋은 삶인가'에 대한 의문을 품게 되었다는 것이다. 지금까지 우리는 돈을 많이 벌어 자산을 모으고, 생필품을 넘어서 사치품, 차, 집과 같은 소유물을 늘리는 것이 행복으로 가는 길이라 믿었다. 그래서 직장에서 열심히, 오래 일하는 것을 당연하게 받아들였고, '어떻게 하면 더 많은 돈을 모을 수 있는가'를 삶의 가장 큰 화두로 생각했다.

사람들은 주당 60~70시간을 일하면서, 지친 삶을 보상이나 받으려는 듯 쇼핑몰을 전전하며 소비를 멈추지 못한다. 그리고 소비를 통해 타인에게 부러움의 대상이 되거나 인정을 받으며 자신의 가치를 확인하려고 한다. SNS는 그런 욕망이 들끓는 공간이다. 소유가 미덕인 사회, 소비를 권하는 사회에서 사람들은 '소유물이 곧 자신'이라는 착각에 빠진 셈이다.

그러나 과연 그런가. 과로로 인한 극심한 피로와 스트레스, 언제든지 사라질 수 있는 소유물처럼 느끼는 존재의 근원적인 불안감은 지금까지 우리가 행복으로 가는 길이라 믿었던 삶의 방향이 과연 맞는 것인지에 대한 의문을 갖게 만들었다. 이것이 바로 전세계적으로 미니멀리즘이 큰 열풍을 일으키게 된 주된 이유이다. 소유와 소비를 권장하는 사회에서 '버림'과 '비움'이 주는 가치의 파장은 컸다. '최소한의 것을 소유하겠다'는 결심은 경쟁을 연료로 하고 소비와 소유를 동력으로 멈추지 않는 열차에서 이제 내리겠다는 것과 동일한 의미였다.

우리는 그동안 채우기 위해 너무나 많은 것을 잃었고, 진정으로 자신이 원하는 것이 무엇인지를 모르고 살아왔다. 열차에서 내리고 나면 우리는 얼마나 있어야 충분한지, 자기 자신의 존재에 대해, 행복의 조건에 대해 고민하고 스스로 목적지를 결정할 수 있게 될 것이다. 곤도 마리에가 불필요한 물건을 비우고 나면 자신이 정말로 원하는 진짜 삶을 살게 된다고 말한 것이나, 조슈아와 라이언이 물건을 버리자 그제야 인생을 '풍요롭다'고 느끼기 시작했다고 말한 맥락과도 비슷한 이야기다. 우리가 비우는 삶에 대하여 진지하게 고민하고 있는 것도 모두 이 연장선상에 놓여 있다. 무엇보다도 당신의 마음 깊숙이 이러한 삶을 원하고 있다는 사실이 가장 중요하다. 이제라도 전혀 늦은 일이 아니다.

# 아내와 정리

　정리는 내 삶의 중요한 가치이자 삶의 방식이다. 나는 앞서 이야기한 대로 정리를 통해 인생의 새로운 활로를 만났고, 상상해본 적 없었던 미래를 열었다. 그러나 주변에서 이런 남자와 사는 아내의 고단함에 대해 종종 염려(?)하는 분들도 많았다. 정리를 업으로 삼고 있는 내가 평생의 동반자로 살고 있는 내 아내는 과연 정리를 잘하는 사람이었을까?

　안타깝게도 "아니다"였다. 결혼 전까지 아내는 장모님이 방 정리를 대신해줄 정도로 정리라는 것을 해본 적이 없는 사람이었다. 결혼 후, 퇴근하고 집에 돌아오면 나는 한눈에 아내의 하루를 그려볼 수 있었다. 벗어놓은 옷이며, 사용한 물건들이 모두 어지럽게 늘어져 있었기 때문이다. 심지어 결혼 초 아내에게 정리란, 내게 원하는 것을 얻기 위한 협박의 수단이기도 했다. 때때로 내 귀가 시간이 늦어질 때면 이런 문자 메시지를 보내곤 했기 때문이다.

　"12시까지 안 들어오면, 나 집 어질러 놓을꺼야."

　언뜻 귀여운 메시지처럼 보이지만 당시 나는 그렇게 느낄 수

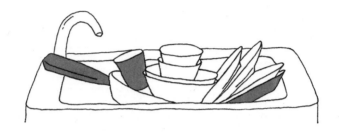

없었다. 신혼시절 내내 우리에게 정리정돈은 항상 갈등의 원인이었기 때문이다. 나는 늘 잔소리를 했고, 아내는 집에 오자마자 정리부터 하는 나에게 서운해했다.

그러던 어느 날, 우리 부부에게 큰 시련이 닥쳤다. 아내가 갑상선암을 앓게 된 것이다. 완치율이 높은 병으로 알려져 있지만, 당사자와 그 가족들은 완치율이 99퍼센트라 해도 그 1퍼센트의 예외에 온 신경을 쓰기 마련이다. 한동안 우리는 헤어나올 수 없는 슬픔에 빠져 있었다. 치료를 받으며 우울해 있는 아내에게 해줄 수 있는 것이 무엇일까를 생각하다가, 나는 내가 가장 잘할 수 있는 일을 묵묵히 해주기로 마음먹었다. 그게 정리였다. 퇴근하고 집에 오면 나는 그저 묵묵히 아내 대신 집안일을 도맡아 했고, 아내는 건강에만 신경을 쓰도록 당부했다. 그리고 다행스럽게도 아내는 갑상선암 완치 판정을 받았다.

게다가 행복한 소식이 연이어 들려왔다. 드디어 우리 부부에게도 아이가 생긴 것이다. 아이는 존재만으로도 특별하고 사랑스러웠다. 그러나 육아라는 일은 (경험한 이들은 모두 알겠지만) 체력 부족, 스트레스, 모든 것에 대한 불안함과 맞닥뜨리는 일이기도 했다. 신생아 시절에는 유리처럼 깨질 것 같아 안기도 무서웠고, 아이를 봐달라는 아내의 말에 정말 멀뚱멀뚱 바라만 보다가 핀잔을 듣기 일쑤였다. 게다가 기저귀며 옷이며 장난감이며 점점 늘어나는 아이의 물건과, 정리를 해도 금세 어질러지는 상황에 나는 난생처음 정리에 대한 의욕을 상실하기도 했다.

그렇게 10년이란 시간이 훌쩍 흘렀다. 되돌아보면 신혼 초의 갈등도, 육아 초기의 고단함도 우리는 건강하고 씩씩하게 이겨낸 듯하다. 시간이 흐르면서 정리에 대해 상반된 철학을 가졌던 우리 부부도 변해 있었다. 아내는 정리정돈의 유익함을, 나는 어지러움의 행복을 알게 되었다고나 할까?

이런 일도 있었다. 버려서는 안 되는 상자를 찾는데, 아내가 어느새 아파트 분리수거 집하장에 갖다 놓은 것이었다. "왜 묻지도 않고 이걸 버렸어?"라며 쏘아붙인 내게 아내는, "버리면 안 되는데, 그렇게 아무렇게나 던져놨어?"라고 되받아쳐 나를 겸연쩍게 만들었다. 그럼 반대로 나는 어떻게 되었을까? 무질서를 포용할 수 있게 되었다.

예전에는 퇴근하고 집에 들어가면 정리정돈 상태부터 눈에 들어오곤 했다. 그러나 이제는 딸아이가 조물조물 만든 것들이나 그려놓은 그림, 그리고 도화지를 앞에 두고 한창 집중하고 있는 아이가 먼저 눈에 들어온다. 그 과정에 집안이 조금 어질러져 있어도 흐뭇하게 바라볼 수 있다. 아이의 눈높이에 맞춰서 창의적인 놀이를 함께하는 아내가 새삼 고맙고 존경스럽기까지 하다.

물론 내가 정리를 포기했다는 말은 아니다. 아내와 아이와 함께 도란도란 저녁 시간을 보내고, 잠들기 전 딱 15분만 정리한다. 그 정도만 해도 깔끔해진 집안에 나름 만족하게 된 것이다.

# 한 지붕 세 가족

　아내와 딸아이 이야기만 했지만, 사실 우리 식구는 이렇게 셋이 다가 아니다. 2017년 4월부터 우리는 처가 식구(장인어른, 장모님, 처남), 처제 부부, 그리고 아내와 딸까지 모두 여덟 식구가 한 집에서 모여 살고 있다. 요새 같아선 정말 드문 대가족일 것이다. 당연히 처음부터 이렇게 지낸 것은 아니다. 그럴만한 사연이 있었다.

　전세값 폭등과 육아 문제로 다시 대가족을 이루어 사는 집들이 늘어나고 있단다. 나 역시 같은 이유였다. 서울에 살려니 2년마다 수천만 원의 전세금을 올려줘야 했다. 다니던 회사를 그만두고 정리 사업을 시작하면서 서울에서 크고 멋진 내 집을 갖기는 쉽지 않았다. 게다가 강연으로 인해 지방 출장이 잦아 자주 집을 비우니, 아내와 아이에게 미안한 마음도 컸다. 그런 이야기를 처가 식구들과 함께 나누다가 "그냥 우리 다 같이 살아보자"고 의견을 모으게 된 것이다.

　세 가족이 함께 살기 위해 나는 방 다섯 개, 화장실 세 개가 있는 경기도권의 아파트를 알아보기 시작했다. 집을 알아보고 계약

하는 것은 그리 어려운 일이 아니었다. 그렇게 일사천리로 계약까지 진행했다. 오히려 문제는 따로 살던 세 집의 살림살이를 한 집으로 합치면서 벌어졌다. 아내와 나는 이사를 가기 한 달 전부터 결혼 생활 12년 동안 사용하지 않은, 버리고 갈 물건들을 정리하는 데에 집중했다. 세 집 모두 그런 꼭 필요한 살림살이만 가지고 왔음에도 막상 이삿날 모이니 그 양이 그야말로 대단했다. 냉장고와 TV는 당연히 세 대씩 있었고, 하다못해 훌라후프나 목침 같은 것은 다섯 개나 나와서 다 같이 웃음을 터뜨렸다.

그렇게 어렵사리 모인 우리 세 가족은 한 지붕 아래서 무탈하게 1년 넘게 지내고 있다. 어느 날은 가족 모두 둘러앉아 와인을 마시며 지난 1년간의 삶에 대해 이야기를 나누었다. 모여 살면서 변하게 된 살림들, 특히 물건의 소유와 정리에 다시 생각하게 된 것들이 꽤 있었다.

아내는 물욕이 사라졌다고 말했다. 예전에는 마트나 홈쇼핑의 예쁜 그릇이나 조리도구를 그냥 지나치지 못하고 충동구매했는데 지금은 마트에 가면 여덟 식구에게 필요한 생필품만 사고, 홈쇼핑 채널을 눈여겨본 지도 꽤 되었다는 것이다. 처제 부부는 외식이나 배달음식보다 가족이 다 함께 둘러앉아 집밥을 먹는 일이 많아졌고, 그 점이 좋다고 했다. 두 식구가 살 때는 사두고 해먹지 않아 버리게 되는 식재료들이 많았는데, 매끼 집에서 식사를 하시는 부모님과 함께 집밥을 먹게 되니 끼니에 대한 걱정도 덜고 건강한 식습관을 갖게 되었다는 것이다. 실제로 식구들이 모여 치킨을 시켜 먹기로 의기투합, 무려 다섯 마리나 주문한 적이 있었다. 그런데 그날따라 배달 시간이 너무 오래 걸렸다. 그날 이후 우리는 더더욱 배달음식을 시켜먹지 않게 되었다. 마지막으로 장모님은 살림을 가족들과 나누어서 할 수 있다는 점이 좋다고 하셨다. 살림의 규모는 커졌지만 가족들이 조금씩 나누어 하고, 돌아가면서 하다 보니 생각보다 수월하다는 것이었다.

지금 우리 가족들은 따로 또 함께 일상을 껴안으며 자주, 그리고 많이 행복해졌다. 장인, 장모님은 명절 때만 보던 가족들을 매일 볼 수 있게 됐고, 식구들 생일이나 기념일도 늘 북적북적한 분위기 속에서 축하할 수 있게 됐다. 식구가 많으니 작은 케이크 하나만으로도 파티 분위기가 무르익는다. 특히 우리 부부는 아이를 양육하는 데에 가족들의 도움을 많이 받게 되었다. 딸아이는 할아버지에게 한자를 배우고 할머니와 함께 화단을 가꾸며, 이모와 함께 그림을 그리고, 삼촌과 보드게임을, 그리고 이모부와 닌텐도 게임을 즐기느라 심심할 겨를이 없다. 참 다행이다.

우리 세 가족이 한 공간에 산다는 이야기를 하면 대부분 우려 섞인 반응을 보인다. 물론 집 평수는 훨씬 넓어졌지만 결과적으로 한 가족당 생활공간은 줄어들었다. 하지만 1년이 지난 지금, 서로의 영역을 공유하는 것은 공간뿐 아니라 물건, 시간, 관계의 가치를 함께 높이는 일이라는 걸 알게 되었다. 다른 사람과 함께 물건을 쓰면 '내 것'에 대한 집착과 과시욕이 사라지는 것임을, 음식을 함께 지어 나눠먹는 것은 서로의 삶과 온기를 나누는 일임을, 시간을 함께 보내는 것은 온전히 우리가 가질 수 있는 것이 누구에게나 공평하게 주어지는 '시간'뿐임을 알게 해줬으니 말이다.

# 지금, 여기, 우리

오랜만에 친구 K를 만났다. K는 3년 전에 교육컨설팅 회사를 창업했다. 우리 둘은 성격도 성향도 많이 달랐지만, 그래서 더욱 서로를 깊이 신뢰하고 좋아했다. K는 늘 이상을 꿈꾸고, 새로운 일에 도전하는 것을 두려워하지 않았다. 그러나 또 가끔은 자신의 도전이 현실의 벽에 부딪혀 힘들어하고 슬퍼하기도 했다. 그래서 나는 어떤 날은 K에게서 자극과 영감을 받기도 하고, 또 어떤 날은 그의 고민거리를 정리해주는 역할을 하기도 했다.

그날은 지금까지의 만남 중 가장 당황스러운 날이었다. 그가 갑자기 "나 캐나다로 이민을 갈까 진지하게 생각 중이야"라고 털어놓았기 때문이다. 종종 사업이 잘 풀리지 않는다는 푸념은 들었지만 그래도 캐나다 이민이라니, 너무나 갑작스러웠다. 그는 이것저것 알아보고 있지만 확신은 서지 않는 상태라며 불안해했다. 나는 그 순간 오래 전 본 영화 〈레볼루셔너리 로드(Revolutionary Road)〉가 떠올랐다.

〈레볼루셔너리 로드〉는 동명의 소설을 원작으로 한 영화이다.

이 영화에서 〈타이타닉〉의 히로인인 케이트 윈슬렛(에이프릴 역)과 레오나르도 디카프리오(프랭크 역)가 평범한 현실 부부로 재회했다. 그들은 결혼을 해서 '레볼루셔너리 로드'라는 지역에 평범하고 행복한 가정을 꾸린다. 모두가 안정되고 행복해 보였지만, 잔잔하게 반복되는 일상에 권태로움을 느낀 그들은 모든 것을 버리고 파리로의 이민을 꿈꾼다.

새로운 삶을 찾는 것에 들뜨고 행복하기만 했던 두 사람. 하지만 회사를 그만두려는 찰나 프랭크는 승진 권유를 받게 되고, 에이프릴은 임신까지 하게 된다. 모든 것을 뒤로 하고 파리로 떠나고자 하는 에이프릴과, 보장된 미래와 가정을 부양해야 한다는 책임감 사이에서 프랭크는 갈등한다. 그러던 어느 날 프랭크는 회사에서 업무를 하던 중에 '재고 관리'의 의미를 되새기며, 삶의 방향을 결정한다.

> **네가 뭘 가졌는지 아는 것**(Knowing what you got),
>
> **네게 필요한 게 뭔지 아는 것**(Knowing what you need),
>
> **너한테 뭐가 필요 없는지 아는 것**(Knowing what you can do without).
>
> **이게 재고 관리야**(This is an inventory control).

현실의 무게를 감내하기가 힘들어질 때면, 우리는 그것을 피해 어디론가 달아나고 싶어진다. 그러다가도 또 새해가 되면 새해에는 좀 더 재미있고 신나는 일이 생기길 바라며, 버킷리스트를 작성하는 심정으로 화려한 계획들을 세우기도 한다. 하지만 충동적으로 벌인 일은 수습할 많은 일들을 만들어내고, 보기만 해도 심장을 뛰게 만드는 버킷리스트들은 그것을 달성하기 위해 더 많은 단계와 일들을 필요로 한다. 결국 벌여놓기만 한 일들이 현실의 질곡이 되고, 실행하지 못한 일들은 가뜩이나 무거운 현실에 새로운 추를 더하는 격이 되고 만다. 우리에게 필요한 것은 현실과 단절된 새로움이 아니라, 무거운 현실을 직시한 채 부족한 것은 채우고 불필요한 것은 비워내는 용기가 아닐까.

꽤 시간이 흐른 뒤, 다시 K를 만났다. 친구는 이민에 대한 생각을 접고, 사업도 일단 정리하는 방향으로 결론 내렸다고 했다. 어떻게든 연관된 모든 사람들에게 피해를 줄이기 위해서 최선을 다하는 중이며, 그 노력은 사업을 시작했을 때 들였던 것과 맞먹는 정도라고 했다. 그간 심적으로 체력적으로 고단했을 친구의 일상이 머릿속에 그려졌다.

다행스러운 일은 그가 그 과정에서 이민에 대한 미련을 버렸고, 사업을 정리하는 과정에서 뜻밖에 어느 교육회사 본부장 자리에 소개받는 기회가 생겼다는 것이다. 그는 나에게 고맙다며 밥값을 계산하겠다고 했다. 아까운 시간을 허비하며 지냈는데, 문을 하나 닫고 나니 다음 문이 열렸다고 말이다. 캐나다 이민만큼이나 쉽지 않은 결정이었겠지만, 친구의 눈빛은 앞으로의 미래에 대한 기대와 확신으로 가득 차 있었다.

살다 보니 인생이라는 것은 멋진 절벽에서 드라마틱하게 스카이다이빙하는 일이 아니라, 내가 밟고 있는 그 자리에서 징검다리 하나를 앞에 놓는 일 같다. 이제껏 걸어온 길을 돌아보았을 때, 내가 놓아온 징검다리들이 질서 있게 펼쳐져서, '되돌아가더라도 다시 그 길을 걷겠노라'고 어른처럼 미소 지을 수 있는 그런 길 말이다.

# 버리는 것보다 중요한 것들

정리에 대한 방송 인터뷰를 할 때마다 대부분 마지막에는 비슷한 질문을 받는다. "정리에 대해 어렵게 생각하시는 분들이 오늘부터 당장 실천하면 좋은 정리법이 무엇일까요?" 한동안 나는 이 질문에 "일단 버리세요. 정리의 시작은 버리기입니다"라고 대답했다.

그러나 버린다는 일이 정리를 처음 시작하는 사람들에게 결코 쉬운 일이 아니라는 것을 수년간 컨설팅을 하며 깨닫게 되었다. 버리라는 말 대신 할 수 있는 의미 있는 조언들이 무엇일까 많은 시간을 고민했다. 그래서 요새는 조금 다른 방식으로 대답한다. 가장 먼저 하는 말은 "당분간 사지 마세요"이다.

정리를 하고 아무리 버려도, 다시 새로운 물건을 그만큼 구입하면 정리는 '도로아미타불'이다. 이때의 '노(No) 쇼핑'은 아무것도 사지 말라는 의미가 아니다. 만일 본인이 옷을 습관적으로 구입하고, 옷 정리가 안 되어서 고민이라면 기간을 정해서 옷 구입을 잠시 뒤로 미뤄보라는 이야기다. 이런 '노 쇼핑' 기간에는 온라인 쇼핑몰 등에서 사고 싶은 옷이 생기더라도 위시리스트나 장바구니에 담아두기만 해야 한다. 또 일주일에 한두 번씩 대형마트에 습관적으로 가서 장바구니를 가득 채우는 이라면 이 기간에는 필요한 것이 생길 때 집 근처 동네마트나 가게만 이용해야 한다. 쇼핑 어플을 시도 때도 없이 켜 보고 '핫딜'의 유혹을 참지 못하는 사람이라면 이 기간에는 어플을 삭제해보는 것도 좋다. 이런 식으로 일정기간 의도적으로 사지 않으려고 노력하다 보면 자신도 모르게 새로운 경험과 습관이 만들어진다. 모든 것에 완벽하게 성공하지 않더라도 이 작은 경험과 습관들이 각자에게 자리를 잡으면, 무의식적으로 소비하던 습관들을 끊어낼 용기가 생긴다.

그 다음으로 내가 하는 조언은 "집에 무엇이 있는지 보세요"이다. '노 쇼핑'을 하다 보면 새로운 물건은 들일 수 없기 때문에 자신의 집에, 방에, 냉장고에 무엇이 있는지를 자연스럽게 살펴보게 된다. 그 연장선에서 나온 방법이 앞에서 언급했던 '냉장고 파먹기' 같은 것들이다. 이런 식으로 내가 소유하고 있는 물건에 어떤 것들이 있는지, 얼마나 있는지를 파악해보는 과정에서 '생각보다 내가 가지고 있는 것들이 많구나'라고 생각하게 되기도 한다. 자산가가 된 것처럼 마음이 든든해졌다는 이들도 있었다. 당연히 이미 가지고 있는 것들을 부지런히 써야겠다고 마음먹게 된다.

마지막으로 하는 조언은 "일단 쓰세요"이다. 모든 물건은 그것을 사용할 때만 그 가치를 느낄 수 있다. 휴지, 치약, 비누, 위생 비닐 등 소모품은 부지런히 쓰고, 배드민턴이든 조깅화든 취미용품은 취미 생활을 다시 시작해서 제 역할을 하게 하고, 그림이나 LP판 등의 소장품은 그것을 감상하고 즐기는 시간을 가지라는 것이다. 쓰기로 마음먹으면 대부분 그 물건들을 자신의 눈에 자주 띄게, 사용하기 쉬운 곳에 가져다 놓는 게 좋다. 그래야 잘 쓸 수 있다. 자주 눈에 띄면 그제야 물건 위에 쌓이는 먼지도 눈에 들어온다. 당연히 청결하게 관리도 하게 될 것이다.

그런 의지와 노력들이 성공하면, 각자의 집에 방치되어 있던 물건들이 비로소 가치가 생긴다. 볼 수 있을 만큼 보고, 사용할 수 있을 만큼 끝까지 사용하면 훗날 버릴 때 죄책감과 후회가 없다. 그런 노력들을 했음에도 불구하고 여전히 손이 가지 않고 사용하지 않는다면 그땐 그 물건과 미련 없이 이별해야 함을 스스로가 납득하게 된다.

우리는 왜 정리를 해야 할까. 결국 집에 있는 물건들을 잘 쓰기 위함이 아닐까. 필요한 물건들을 필요한 자리에 채우기 위함이 아닐까. 그래서 시간이 지나서야 나 역시도 이렇게 말할 수 있게 되었다. 정리의 시작은 무조건 버리는 것이 아니라고.

# 필요의 유혹

어느 정리 세미나에서 "무분별한 소비 습관이 가계 경제와 집 정리를 무너뜨리는 주범"이라고 설명하던 중이었다. 갑자기 한 교육생이 하소연을 했다.

"저는 정말 필요한 것만 사는데, 왜 정리가 안 되는지 모르겠어요."

'필요한 것만, 필요할 때, 필요한 만큼만 사세요'라는 말을 정리의 원칙처럼 말하곤 했는데 그것만으로는 충분하지 않은 듯 싶었다.

얼마 전 재미있는 책을 보았다. 《일본의 아이디어 상품 50》이라는 책인데, 나로서는 상상도 하지 못한 신기하고 유용해 보이는 물건들이 많이 소개되어 있었다. 지하철에서 졸다 보면 일명 '상모 돌리기'를 해서 옆에 앉은 사람에게 피해를 주게 되는데, 그것을 방지하기 위한 헬멧 제품(벽에 헬멧을 고정하고 쓰고 자는 상품, 심지어는 헬멧에 자신이 내릴 역을 표시하고, 깨워달라는 메시지도 넣을 수 있다)부터, 뜨거운 면 요리를 먹을 때 열을 식힐 수 있는 젓가락용 미니선풍기,

안약을 편하게 넣기 위해 깔대기를 부착한 구멍 뚫린 안경, 코감기에 걸린 사람을 위해 두루마리 휴지를 머리에 붙일 수 있는 거치대까지. 실제로 사용하면 편리할 것만 같은 착각을 불러일으키는 물건들이었다.

아마도 이 책은 이러한 제품들을 판매하기 위한 카탈로그가 아닌, '세상에, 이런 제품까지 있을 수 있다니!'라며 한바탕 웃고 공감하는 목적으로 만들었을 것이다. 물론 누군가에게 필요하다면 필요한 물건이겠지만, 없이 살아도 전혀 문제가 되지는 않을, 저런 물건을 구입했다고 누군가에게 말한다면 아마도 헛돈 썼다고 놀림받지 않을까 싶은 물건이니 말이다.

그런데 아이디어 상품은 꼭 이런 책에서만 발견되는 것이 아니다. 한번은 SNS에 지인이 술안주로 요리했다는, 먹음직스러워 보이는 닭 오븐구이 사진이 올라왔다. 그런데 사진에는 닭만 있는 것이 아니었다. 사실 오븐구이를 하려면 기름을 빠지게 하는 석쇠가 있어야 하는데, 지인의 집에는 석쇠가 없었다. 그래서 대안을 찾아보다가 석쇠를 대체할 구조를 만들어 기름기를 쫙 뺀 바삭한 통닭구이를 완성해냈다는 내용이었다. 실제로 다음 사진을 넘겨보니, 오븐용 접시 위에 집에 있는 젓가락을 총동원해 얼기설기 그물 구조를 만들어 그 위에 닭을 올려 구운 것이었다. 누군가에겐 '없어 보이는' 광경이었을지 모르겠지만 나에겐 참으로 멋져보여서 '좋아요'를 백 개쯤 눌러주고 싶을 심정이었다.

누구나 그럴 때가 있다. 적당한 도구가 없어서 쩔쩔매고 있을 때, 누군가가 그것을 대용할 만한 다른 도구를 찾아내거나 아이디어를 제시한다. 이른바 '발상의 전환'이다. 그럴 때면 그 아이디어가 그렇게 고맙고 멋져 보일 수가 없다. 또 한편으로는 '나는 왜 그 생각을 못했지?' 자책도 하게 된다. 철학자 스피노자는 이렇게 말했다.

**금속을 연마하기 위해서 도구를 찾자면 모루가 필요하고 모루를 갖기 위해서는 다른 도구들이 필요한데, 그런 식으로 계속 제2, 제3의 도구를 찾다 보면 자신의 무능력을 증명하게 된다.**

인류 역사 상 최초로 도구를 사용했다는 호모 하빌리스(Homo habilis)부터 현 인류의 모습인 호모 사피엔스로 넘어오는 약 200만 년 동안, 인간은 거의 비슷한 도구를 쓰면서 살았다고 한다. 의식주를 해결하고 살아가는 데에 일정한 도구 이상이 필요하지 않다는 의미이다. 지금 우리는 고도의 문화와 기술 발전을 이루어냈지만 인간다운 삶을 살아가는 데에 필요한 모든 물건은 이미 진작에 갖추고 있었다는 말이기도 할 것이다.

이미 우리는 너무 많은 물건을 가지고 살아간다. 인간의 창의력이 무한하기에, 앞으로도 인간은 지금껏 상상하지 못한 수많은 아이디어와 물건을 만들어낼 것이다. 그것이 인류의 진보를 의미한다는 것을 부정할 생각은 없다. 다만 그렇게 등장하는 모든 물건들을 '필요하다'며 매 순간 사고 싶어 하는 이들에게는 하고 싶은 이야기가 있다. 없어도 되는 물건은 버리고, 없어도 되는 물건은 사지 말라고 말이다.

누군가에게는 우스꽝스러웠을 '젓가락 석쇠'가 내게 그토록 멋져 보인 것은 완성도와 디자인 때문이 아니다. 그 마음가짐 때문이다. 자신에게 없는 것을 무턱대고 사지 않고 있는 것을 잘 활용하는 그 아이디어, 번거로움을 이기고 기꺼이 손을 움직이게 한 그 마음 말이다. 우리의 정리 마인드를 키우는데 이보다 적절한 이야기가 있을까? 이왕이면 적게 가지면서 조금 더 움직이고, 이미 있는 것을 충분히 활용하면서, 투박하더라도 최선을 다해 멋지게 메꾸는 삶. 이게 바로 '인간적인 삶'이 아닌가. 나이 마흔을 지나면서, 정리를 업으로 삼아 많은 이들을 만나다 보니 새삼 눈에 들어오는 장면들이다.

# 자발적 가난

　브라질에 사는 마르시오 미자엘 마톨라아스라는 중년 남성의 사연을 소개한 기사를 읽은 적이 있다. 그는 바닷가에 모래성을 만들어 22년 동안 살고 있다고 했다. 그는 바다가 보이는 해변가에 살고 싶었지만 소위 '뷰포인트'의 집값이 너무 비쌌기 때문에 모래로 집을 지어 해변에 살기로 마음먹었다. 나름 입지를 고려한 생계 수단도 마련했다. 모래성 안에 중고 책을 가득 쌓아놓고 중고 서점을 운영하며 돈을 번다. 모래성 안은 목재로 짜여 있고, 바깥에 있는 모래성이 무너지지 않게 지붕과 벽에 수시로 물을 뿌리는 작업을 해줘야 하는데, 그는 매일 그 일을 즐긴다고 했다.

　동화 같은 해외 토픽 기사였지만, 또 그게 마냥 비현실적으로 보이지도 않았다. 그 기사를 보면서 '내집 마련'이라는 거대한 목표를 위해 우리는 참 많은 시간과 노력을 쏟아붓는데, 원하는 곳에서 즐거운 일을 하는 그가 더 행복한 삶을 사는 것은 아닐까 싶기도 했다.

　물론 법규대로만 보자면 그는 노숙자나 마찬가지다. 다른 점

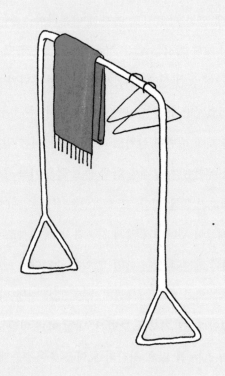

이 있다면 그가 스스로 '자발적 가난'을 택했다는 점이다. 자발적 가난(voluntary poverty)이란 독일의 환경경제학자 E. F. 슈마허가 1973년 제안한 개념으로, 덜 풍요롭게 사는 삶이 주는 더 큰 행복을 누리자는 의미에서 고안되었다. 2010년 이후 유행한, 극단적으로 적게 소유하는 삶인 '미니멀리즘'도 이러한 맥락에서 주목받았다. 경제적 성취의 기회가 줄어든 저성장시대로 접어들면서 이 개념은 경제적 좌절과 불안을 극복하기 위한 시도이자 가난을 '선택'할 수 있는 행위로 의미가 확장되어 세계적 영향을 끼쳤다.

어느 날은 우루과이의 전 대통령 호세 무히카에 대한 다큐멘터리를 보고 놀란 적이 있다. 아마도 그는 전 세계에서 자발적 가난을 택한 사람 중 가장 유명한 사람일 것이다. 무히카 대통령은 중남미에서 1인당 GDP가 가장 높은 나라인 우루과이 최고의 권력자였지만, 전 재산은 1987년산 중고차 한 대가 전부였다. 그는 부의 재분배를 직접 실천하기 위해 자신의 월급 1만 2,000달러(한화로 약 1,350만 원) 중 10퍼센트로만 매달 생활하고 나머지 90퍼센트는 극빈층을 위한 주택 사업에 매년 기부했다. 대통령 취임 후에도 대통령 관저가 아닌 농가에 살았는데, 집에는 수도관이 설치되어 있지 않아 동네 우물을 사용했고, 난방도 전혀 되지 않았다. 하지만 그는 자신의 삶에 매우 만족하고 있다며 이렇게 말했다.

"저는 제 인생을 간소하게 살기로 결정했고, 많은 것을 소유하는 데에 시간을 낭비하고 싶지 않습니다. 그리고 이러한 삶이 주는 여유가 좋습니다. 사람들이 저를 가난한 대통령이라고 부르지만 저는 가난한 대통령이 아닙니다. 진짜 가난한 사람은 만족할 줄 모르는 사람들이지요."

내가 정리 사업을 구상하고 추진할 수 있었던 힘도 어쩌면 이러한 삶의 태도에서 나왔다. 나 역시 짧지 않은 기간을 직장인으로 살면서 소소한 소비를 즐겼고 매달 날아오는 카드 값을 메우는 삶에 익숙했기에, 마약 같은 월급의 고리를 끊고 회사를 나가기로 한 결심이 결코 쉬운 일은 아니었다. 그렇지만 내 책상에서 시작된 정리가 공간으로, 시간으로, 그리고 새로운 직업으로 확장되기까지, 정리는 내게 '인생에는 생각보다 많은 것들이 필요하지 않다'는 깨달음을 주었다. 그 확신으로 사업을 시작하여 지금까지 올수 있었다.

'국내 1호 정리컨설턴트'라는 브랜딩으로 많은 고객이 찾아주시지만, 이 사업이 엄청난 매출과 이익을 남기는 일은 아니다. 회사 운영도 쉽지만은 않다. 그러나 힘들 때마다 나를 버틸 수 있게, 한발 더 나아가게 한 것은 누군가의 투자나 갑작스럽게 발생한 높은 수익이 아니라, 직장을 그만두고 사업을 시작하던 초기의 그 마음가짐이다. 티베트 속담 중에 "충분히 갖고 있다고 느끼는 사람이 부자다"라는 말이 있다. 적게 소유해도 된다는 마음가짐이 나에게도, 당신에게도 마음의 풍족함을 가져다줄 것이다.

# 어머니의 물건 정리

한때 명절만 되면 어머니와 실랑이가 벌어지곤 했다. 어머니는 집에서 맛있는 명절 음식을 만들어주고 싶어 하셨는데, 나는 '어머니가 힘드셔서 안 된다'는 핑계로 가족여행을 고집했기 때문이다. 내가 미리 숙소도 예약해놓고 여행 계획을 세웠다며 밀어붙이는 바람에, 지금은 매년 명절마다 펜션이나 캠핑장 등 가족여행을 다녀오는 것이 우리 집 전통으로 자리 잡았다. 칠순이 넘은 노모를 좋은 곳에서 편히 모시고 싶은 마음도 컸지만, 내가 이렇게 밀어붙인 데에는 다른 이유도 있었다.

어머니의 집, 그러니까 나의 본가는 지은 지 50년도 넘은 서울 화곡동의 2층 주택. 전라남도 강진군 계라리라는 깡촌에서 상경해 처음으로 갖게 된 우리 집이었다. 취업을 하고 나는 회사 근처에서 자취를 하며 자연스럽게 분가했지만, 어머니와 동생은 이곳에 산 지 30년이 되어 간다. 집도 오래되었을 뿐더러, 이웃이 이사 갈 때마다 버리고 간 물건들을 주워와 집 안에 들여놓으시는 바람에 집 구석구석 오래된 살림살이와 케케묵은 냄새가 가득했다.

나는 갖은 방법으로 어머니께 집 정리를 권했지만 "고만둬라. 다 쓸 것이니까 하나도 건드리지 마라"며 호통을 치시는 바람에 번번이 허사로 돌아갔다. 이런 일이 반복되다 보니 골이 깊어져서 본가에 발걸음이 뜸해졌는데, 아이가 태어나고 나서는 비좁고 깔끔하지 않은 본가에 가는 일이 더욱 유쾌하지 않게 되었다. 자식으로서 이런 마음이 죄송스러우면서도, 한편으로는 어머니에 대한 안타까움과 원망의 감정이 복잡하게 교차했다.

한번은 제사를 지내러 시골에 내려갔다가 내가 열 살까지 살았던 집터에 가게 됐다. 지금은 민속촌에서나 볼 수 있는 초가집, 그곳에서도 단칸방에 우리가 살았다. 당시에는 변변한 가구 하나 없었고, 옷과 생필품도 넉넉지 않았다. 그렇게 가만히 집터를 바라보며 옛 추억에 잠기자니, 어머니의 삶이 주마등처럼 지나가는 듯했다.

어머니는 아버지가 지병이 있는지도 모르고 시집을 와서 자연스럽게 생계를 책임져야 했다. 쌍둥이 남매까지 태어나자 시골에서 농사일로 품삯을 받는 걸로는 먹고 살기가 아득해졌다. 결국 어린 남매를 시골에 남겨둔 채 서울로 올라와 식당 일을 하며 도배 기술을 배우셨고, 그렇게 하루하루 번 돈을 착실히 모아 집도 사셨다. 자식들 굶기지 않고 정말이지 살뜰히도 살아내셨다. 지금은 부동산도 몇 채 가지실 정도로 삶이 여유로워졌음에도, 어머니가 이토록 물건을 쉬이 버리지 못하는 것은 생계를 위협받았던 그 시절이 사무쳤던 탓이 아닐까. 거기에까지 생각이 미쳤다.

"오빠, 집에 짐이 많이 줄었어."

그러던 어느 날, 동생으로부터 메시지가 왔다. 나는 무슨 영문인지 너무 궁금해서 바로 동생에게 전화를 걸었다. 이야기인즉슨, 동생이 어머니께 창고에 있는 물건들 중 쓸 만한 것들을 중고로 팔아도 되는지 물었더니 어머니는 "그런 게 가능하냐"며 반색하셨다는 것이었다. 동생이 몇 번 인터넷이나 어플 등으로 손쉽게 중고 물건 거래를 해보더니 어머니께 그걸 권유했던 것이다. 실제로 거래가 성사되어 물건을 보내려고 하자 어머니께서 "그 사람 너무 고마운데, 이것도 같이 줄까?", "이건 누구 줄 사람 없냐", "그건 팔지 말고 그 사람 그냥 줘라" 하시며 적극 거래에 나섰다. 그날 이후 어머니는 스스로 쓸 만한 물건들을 정리하고 비우기 시작하셨다.

전화를 끊고 나는 마음이 아득해졌다. 정리컨설턴트 아들도 하지 못한 어머니의 물건 정리는 결국 비우지 못했던 당신의 마음이 해낸 것이었다. 비우는 마음과 비우지 못했던 마음은 실은 종 잇장 한 장 차이였던 셈이다. 마당에 있는 작은 대추나무도 추석이면 그 대추를 따서 시장에서 팔았던 당신의 생활력이, 어렵던 시절 물건 하나도 쓰임이 다하길 바랐던 마음이, 내가 아닌 누군가를 위해서 아끼고 아껴두었던 마음이 그 물건을 또 소중히 쓸 누군가가 있다는 사실에 빗장을 연 셈이다.

어머니를 보면서도 종종 생각한다. 정리는 테크닉이 아니라 마음가짐이라는 것을. 지금도 여전히 내 기준에서는 버려야 할 물건이 많은 집이지만, 그저 '아직 필요한 임자가 나타나지 않아 보내질 못한 물건들인가 보다' 생각하며 어머니를 채근하려던 입을 꾸욱 다문다.

# 마지막을 준비하는 정리

수년 전 오랜 병환으로 고생하시던 아버지께서 돌아가셨다. 나는 아버지가 생전에 계시던 제주도로 내려가 장례식을 치렀다. 오래 전 어머니와 이혼하신 후 지병으로 제주도에서 30년간 요양하며 지내셨기에 아버지와 함께한 기억은 거의 없지만, 아들로서 아버지의 마지막 가시는 길을 지켜드리고 싶었다.

그런데 장례식에 찾아온 조문객이 서른 명도 채 되지 않았고, 오신 분들마저도 각자 식사를 하시거나 인사만 하고 급히 발걸음을 돌렸다. 미욱한 아들이라 식장에 와주신 분들과 생전의 아버지와 어떤 사이였는지, 어떤 일들이 있었는지 함께 이야기도 나누고 싶었는데, 아쉽게도 그러지를 못했다.

사흘의 장례를 치르고 아버지께서 지내셨던 집으로 가서 유품을 정리했다. 가구나 살림살이가 별로 없어 간소한 모습이었다. 그런데 가지고 계신 물건들조차 죄다 변변찮아서 마음이 아팠다. 그나마 깨끗한 옷들은 필요한 분들에게 나눠드렸다. 결국 나는 아버지께서 생전에 쓰셨던 일기장 한 권만 유품으로 챙겨오고, 나머지 물건들은 모두 버릴 수밖에 없었다. 아버지의 장례식은 그렇게 끝이 났다. 가깝고도 멀었던 아버지의 마지막 쓸쓸한 모습에 한동안 안타깝고 죄송한 마음이었다.

그날 이후 나는 두 가지 작은 바람을 갖게 되었다. 하나는 훗날 내가 죽게 되면, 나의 장례식에 오는 손님들이 나와 어떤 관계였는지, 또 어떤 추억이 있는지 남은 가족들과 도란도란 이야기할 수 있으면 좋겠다는 것이다. 죽음이란 어느 정해진 날 찾아오는 것이 아니므로, 이왕이면 미리 그런 준비를 해보고 싶었다. 일종의 리허설처럼. 그래서 매년 연말이 되면 작은 모임을 만들어 소중한 분들을 초대하기 시작했다. 한동안 못 보던 친구들도 만나 미뤄두었던 이야기꽃을 피웠고, 나를 알지만 서로 모르는 사람들끼리도 친해질 수 있는 기회가 되었다.

두 번째 바람은 나의 유품들을 필요한 사람들이 나눠 가져가서 유용하게 써주면 좋겠다는 것이다. 그래서 늘 가지고 다니는 휴대폰, 노트북, 신발, 가방은 좋은 제품으로 구입하기로 했다. 그리고 깨끗하게, 소중히 다루기로 결심하였다. 나중에 누가 가져도 기분이 좋을 수 있게 말이다. 죽음을 생각하니 현재의 관계와 물건에 대해 좀 더 많은 시간과 애정을 가져야겠다는, 삶에 대한 애착이 차곡차곡 쌓여갔다. 가끔 "의미 있는 물건이라 버릴 수 없다"고 말하면서 실제 집에서는 아무 데나 먼지 쌓인 채로 방치하는 사람들을 본다. 본인이 소중히 다루지 않는다면 진정 소중한 물건이 아니다. 만일 당신이 죽고 남은 이들이 먼지 쌓인 물건을 보며 당신이 소중히 여긴 물건이었다고 생각할 수 있을까.

곁에 두었다고 해서 끝난 게 아니다. 톨스토이는 "사랑은 결코 단순한 언어가 아니라 다른 사람들의 행복을 지향하는 행동이다"라고 말하지 않았던가. 사랑은 행동하는 것이다. 사랑하는 사람 혹은 사랑하는 것들을 소중하게 다루려면 '선택'이란 것을 해야 한다. 우리 모두에게 시간과 에너지는 한정적이기 때문이다. 유한한 삶은 좋아하는 것과 좋아하지 않는 것, 소중한 것과 소중하지 않은 것, 필요한 것과 필요하지 않은 것을 구분해야 하는 전제 조건이다. 그래서 죽음에 대한 생각은 역설적으로 삶을 잘 살아갈 수 있게 하는 계기가 된다. 더 나은 가치를 추구할 수 있게 만든다. 아버지의 유품을 정리하면서, 나는 삶을 더욱 애틋하게, 더욱 소박하게 어루만지게 되었다.

# 마음의 평화를 위하여

《인생의 절반쯤 왔을 때 깨닫게 되는 것들(Repacking Your Bags)》
의 저자 리처드 J. 라이더는 동부아프리카를 여행하던 중 마사이
족을 만났다. 그는 족장에게 자신이 챙겨온 가방에 있는 온갖 물
건들을 꺼내 보여주며 자랑했는데, 그 족장은 물건들을 보며 이렇
게 물었다.

**"이 모든 것이 당신을 행복하게 해줍니까?"**

그 물건들이 족장에게는 굳이 필요가 없었기에 할 수 있는 너
무나 간단한 질문이었다. 그러나 이 순수한 질문이 리처드에게는
머리를 한 대 맞은 것 같은 충격을 주었다. 자신에게는 자랑거리
였던 물건이 마사이족에게는 어떤 의미도 없는 물건이라는 사실,
그리고 마사이족의 질문에 그 물건들이 자신을 행복하게 해준다
고 확신을 갖고 대답할 수 없었기 때문이다.

그는 그날 이후 삶의 우선순위를 바로 잡기 위해 자신의 가방

을 새로 꾸릴 기준을 마련한다.

"자신이 속한 곳에서(place), 사랑하는 이들과 함께하며(love),
삶의 목적을 위해(purpose), 자기 일을 하는 것(work). 이 네 가
지가 바로 인생의 가방을 새로 꾸릴 때 초점을 맞춰야 할 필수
적인 요소이다."

정리를 할 때도 원칙은 비슷하다. 내가 가장 좋아하는 시간 관
리 책《성공하는 시간 관리와 인생 관리를 위한 10가지 자연 법칙
(The 10 natural laws of successful time and life management)》의 저자 하
이럼 스미스는 시간 관리의 목적이자 목표를 '마음의 평화'라고 말
한다. 자신이 중요하다고 생각하는 일, 가치 있다고 생각하는 일에
시간을 쓸 때 우리는 비로소 마음의 평화와 기쁨을 느낄 수 있다
는 것이다.

그러기 위해서는 먼저 우리가 무엇에 가치를 두고 있는가를
확실하게 해둘 필요가 있다. 리처드처럼 삶의 우선순위를 정하여
가방을 꾸리는 기준을 정하라는 말이다. 그것을 모른다면 그저 순
서대로 처리하거나, 거절하지 못하거나, 필요해 보이는 모든 일을
다 처리하고자 할 것이다. 또 '적당히'를 알 수 없는 일들에 모두
최선을 다하느라, 쓸데없는 일을 효율적으로 처리하기 위해 고군

분투할 것이다. 모두 소중한 삶을 낭비하는 일이다.

결국은 나도 그와 같은 이유, 마음의 평화를 위해 정리를 한다. 정리로 얻게 되는 가치, 물건의 쓰임, 자원의 순환, 공간이 주는 여유, 편해진 살림과 절약된 시간. 이것들이 모두 나에게 마음의 평화를 가져다주기 때문이다.

물론 어떤 물건은 가지고 있어서 마음의 평화를 주는 것들도 있다. 내 지인은 어렸을 때 덮었던 이불을 버리지 않고 장롱 속에 고이 보관해두고 있다고 한다. 다른 사람이 보기에 불필요한 물건일 수도 있지만 "이 물건이 나에게 안정감을 주기 때문에 버릴 수 없어"라고 단호하게 말하는 모습이 너무나도 인상 깊었다. 정리컨설턴트가 보기에도 그런 물건은 버릴 필요가 없다.

고대 철학자 에피쿠로스는 '우리를 불안하게 만드는 것은 사물에 대한 우리의 견해'라고 말했다. 잡동사니라고 치부된 물건 하나하나를 외면하지 않고, 그것이 나에게 어떤 의미인지, 진정으로 중요한 것인지를 고민하는 시간이 필요하다. 그리고 그 가치를 말할 수 있어야 한다. 그렇지 못한다면 그저 '마음의 평화'를 뺏어가는 물건일 가능성이 높다.

결국 정리란 단순히 물건을 치우는 것이 아니라, 인생의 짐을 치우는 것이고, 새로운 곳으로 여행을 떠날 수 있도록 가방을 다시 꾸리는 것이다. 꼭 나에게 필요한 것들로만 살뜰히 챙겨서 말이다. 그렇게 가방을 챙겼을 때, 당신의 눈앞에 펼쳐진 인생 행로는 분명 이전과 다를 것이다.

/After/     결혼 10년 차 윤선현 씨의 아내.
정리컨설턴트 남편이 깜박 버리고 만 상자를
"버리면 안 되는데 그렇게 아무렇게나
던져놨어?"라며
받아칠 줄 아는 내공을 쌓았다.

여덟 식구와 한 집에 살며
물욕을 내려놓았다는 그녀.
다른 사람과 함께 물건을 공유하면
'내 것'에 대한 집착과 과시욕이
사라지는 것임을,
음식을 함께 지어 나눠먹는 것은
서로의 삶과 온기를 나누는 일임을
깨닫게 되었다.

# 윤선현의 물건 정리 원칙

1. 공간을 정리한다는 것은 '비움'과 '채움'으로 각자의 인생에서 원하는 결과물을 만드는 활동입니다. 자신에게 꼭 필요한 것을, 필요한 만큼만, 필요할 때 채우세요. 모든 물건은 사용할 수 있을 만큼만 남기고, 사용하지 않는 것은 눈에 띄는 순간 비우세요.

2. 완벽한 정리라는 것은 존재하지 않아요. 완벽하기보다 꾸준하게 정리하려는 마음을 가지세요. 오늘부터 한 가지 물품씩, 하루 15분 정도라도 머뭇거리지 말고 정리를 시작하세요. 비워내기 위해서는 어질러질 것을 두려워하는 마음부터 정리해야 합니다.

3. 사고 싶은 물건이 생겼다면 급하게 구매하지 마세요. 빠른 결정은 신중한 판단을 방해합니다. 물건을 살 때에는 머뭇거림이 오히려 유용할 수 있어요. 딱 5분 정도라도 심호흡을 하며 '이 물건이 정말 꼭 필요할까? 정말 내가 원하는 물건일까? 없으면 안 되는 물건일까?'를 스스로에게 물어보세요. 그렇게 판단해도 늦지 않습니다. 방금 놓친 홈쇼핑 상품도 인터넷을 뒤져보면 다 살 수 있습니다.

4. 정리는 그 순간 보기 좋은 것을 목적으로 하면 금방 무너집니다. 정리를 하는 까닭은 내가 가지고 있는 물건을 더 잘 사용하기 위함을 잊지 말고, 무엇보다 '넣고 빼는 일'이 쉽고 편해지도록, 빠르게 할 수 있도록 구성해야 합니다. 수납 바구니와 라벨링을 활용하는 이유는 그 때문입니다.

5. 가족 구성원들이 정리된 공간에서의 편안함과 여유, 행복감을 한 번이라도 경험한 집은 이후에도 정리를 잘하는 경우가 많았습니다. 가족들과 정리된 공간에서 시간을 보내고, 잠시라도 살아보세요. 이렇게 정리 후의 평안을 경험한 사람들은 하나같이 '정리로 삶이 달라졌다'라고 말합니다.

6. 사용하지 않는 물건들을 과감하게 버리세요. 스스로 사용하지 않는 물건임을 깨닫게 되면 그 후로는 유사한 물건을 다시 구입하지 않게 됩니다. 불필요한 소비 습관을 개선하는 데에 아주 효과적이기도 해요.

7. 물건을 정리할 때 가장 필요한 것은 '시간'을 내는 일입니다. 시간을 내어 자신이 어떤 물건들을 소유하고 있는지 재고를 파악하세요. 닫힌 서랍을 여는 시간이 결국 삶의 변화를 만듭니다.

8. 잡동사니로 가득한 공간들을 비우면 그제야 진짜 자신이 원하는 물건들로 채울 수 있습니다. 혹은, 채울 것이 없어도 됩니다. 아무것도 채우지 않는 공간이 훌륭한 인테리어가 될 수도 있으니까요. 설레는 인생은 결코 먼지 쌓인 물건들이 만들어주지 않습니다.

9. 미니멀리즘에 대한 책을 사다 보니 미니멀리즘에 실패했다는 후기도 있습니다. 수많은 책과 수납용품들, 유행하는 방법론에 휩쓸리지 마세요. 자신의 공간과 물건, 삶의 방식과 성격, 가치관 등을 본인보다 더 잘 아는 사람은 없으니까요. 자신만의 정리 원칙을 만드세요.

10. 삶에 대한 두려움이나 불안감이 생기거나 삶이 무의미하게 느껴질 때 정리를 해보세요. 소중하고 한정된 각자의 공간과 시간을 어떤 것들로 채울 것인지, 그 우선순위를 따지는 과정에서 삶의 목적이 선명해지니까요. 여유롭지만 알찬, 번잡하지 않지만 충만한 인생을 만들어갈 수 있습니다.

# 이대로는 안 되겠다 싶은 순간
# 정리를 시작했다

초판 1쇄 발행 2018년 11월 29일
초판 4쇄 발행 2023년 11월 30일

**지은이** 윤선현

**발행인** 문태진
**본부장** 서금선

**기획편집팀** 한성수 임은선 임선아 허문선 최지인 이준환 이보람 송현경 이은지 유진영 원지연 장서원
**마케팅팀** 김동준 이재성 박병국 문무현 김윤희 김은지 이지현 조용환
**디자인팀** 김현철 손성규   **저작권팀** 정선주
**경영지원팀** 노강희 윤현성 정헌준 조샘 조희연 서희은 김기현
**강연팀** 장진항 조은빛 강유정 신유리 김수연

**펴낸곳** ㈜인플루엔셜
**출판신고** 2012년 5월 18일 제300-2012-1043호
**주소** (06619) 서울특별시 서초구 서초대로 398 BnK디지털타워 11층
**전화** 02)720-1034(기획편집) 02)720-1024(마케팅) 02)720-1042(강연섭외)
**팩스** 02)720-1043 **전자우편** books@influential.co.kr
**홈페이지** www.influential.co.kr

ⓒ윤선현, 2018

ISBN 979-11-86560-85-3 (03320)